Conexão DESTINO

Uma mulher-chave destrava destinos

EDITORA
CHAVE MESTRA®

EDITORA
CHAVE MESTRA®

Av. Marcos Penteado de Ulhoa Rodrigues, 1119 – Tamboré, Barueri-SP
Ed. Office Shopping Tamboré – Andar 21 – Sala Chave Mestra
CEP: 06460-040
@editorachavemestra
editora@editorachavemestra.com.br
Acesse: www.editorachavemestra.com.br

Título original em Português:
Conexão Destino - Uma mulher-chave destrava destinos

Direção editorial: Raquel Medeiros
Assistente editorial: Eloiza Andrade e Amanda Oliveira
Revisão: Tarsila Marchetti
Diagramação: Weslei Eugênio
Branding de capa: Izzo Medeiros
Projeto gráfico: Weslei Eugênio

O conteúdo desta obra é de total responsabilidade dos autores e não reflete necessariamente a opinião da editora.

Dados Internacionais de Catalogação na Publicação (CIP)

Vale, Rogério (Organizador)
V149 Conexão Destino - Uma mulher-chave destrava destinos / Rogério Vale (Org.) – Barueri, SP: Chave Mestra Editora, 2024. 216 p.:16 x 23 cm

ISBN 978-65-84979-90-1

1. Desenvolvimento pessoal 2. Espiritualidade 3. Vida Cristã 4. Prosperidade. 5. Inteligência espiritual 6. Fé I. Título.

CDD 158.1

SUMÁRIO

PREFÁCIO

"Conexão Destino – Uma mulher-chave destrava destinos" é uma obra de grande impacto criada pela pastora Débora Almeida, inspirada pelo Espírito Santo, para conectar vidas ao seu propósito. Uma mulher que tem muitas experiências, sobretudo intimidade com aquEle que nos molda e nos comissiona a reinar e a sobreviver através da fé. Este livro não é apenas uma compilação de relatos, mas sim um elo poderoso que une experiências de vida, propósitos divinos e a força que habita o íntimo de cada mulher.

Nestas páginas, convidamos você a explorar as histórias impactantes de 27 mulheres de diferentes estados e países, que tiveram suas vidas transformadas de maneira surpreendente. Este não é apenas um livro, é uma jornada de autoconhecimento, uma chance de ver um destino sobrenatural traçado pelos planos que Deus tem para cada uma de nós.

Como disse o apóstolo Paulo, "não vou correr como quem corre sem alvo" (1 Coríntios 9:26), e o alvo deste trabalho é simples e profundo, ao mesmo tempo: conectar vidas ao propósito de Deus. Cada mulher aqui enfrentou dores, humilhações e momentos de desesperança, buscando uma visão sobrenatural que as conduzisse à sua verdadeira identidade e transformasse sua história em uma ponte que conecta outras vidas ao seu verdadeiro destino.

Neste caso, o destino é mais do que escolher um caminho, é a revelação de uma trajetória necessária em meio ao caos da alma que se desdobra com a fé, nos posicionando de maneira positiva diante das adversidades da vida. Aqui, "destino" é a visão da jornada pessoal alinhada aos planos de Deus, é o momento em que as circunstâncias deixam de ser o foco da nossa percepção para dar lugar ao inimaginável, ao extraordinário e ao sobrenatural. Quando a percepção melhora, as conexões melhoram, e as emoções, também.

Ao analisarmos as histórias dessas mulheres corajosas, percebemos que o destino não segue uma linha reta, mas sim uma jornada de superações, curas emocionais, autoamor, autovalor e fortalecimento. Feridas tratadas, coração refeito. Este livro é mais do que um relato, é um convite à mudança, uma inspiração para superar as limitações e descobrir que ainda há esperança e que podemos ir muito além do que pensamos, sonhamos ou imaginamos.

Mas, como está escrito: "As coisas que o olho não viu, e o ouvido não ouviu, e não subiram ao coração do homem, são as que Deus preparou para os que o amam" (1 Coríntios 2:9).

Sinto-me profundamente grata por participar deste projeto significativo. Ao ler estas páginas, tenha certeza de que todo desafio tem um propósito. Que o "Conexão Destino" te ajude a se conectar com o que Deus quer e te inspire a seguir em frente com sentido, esperança e transformação. Você tem um destino, creia. Você tem um alvo, prossiga e seja uma bênção por onde for. Fomos destinadas a triunfar.

Te desejo uma boa viagem (leitura)!

Cecilia Sfalsin

Pra. Bárbara Mellado Muñoz

Pregadora da palavra de Deus, sou casada há 15 anos com meu amado marido Pr. Henrique Louvisi, mãe do Benjamin (filho da felicidade), meu grande milagre! Juntos, somos a #famíliabrachilena.

Nascida em Santiago do Chile, filha de Ana Maria Muñoz e Pedro Mellado. Há 22 anos cumpro a obra de Deus em missões no Chile, Argentina e, atualmente, no Brasil.

Um sonho realizado foi pisar a Terra Santa de Israel e batizar no Rio Jordão.

Formada como Analista de Marketing Digital pela UniCV, hoje sou pós-graduanda em Social Media e Gestão de Tráfego, na Faculdade Anhanguera, empreendedora e designer gráfico. Palestrante e conselheira pastoral familiar e de mulheres através da fé. Minha história é de superação e milagres.

De uma vida de vícios para uma vida no altar de Deus.

barbaramelladomunoz

Bárbara Mellado Muñoz

01 LEGADO DE FÉ, UM LEGADO PARA A ETERNIDADE

Por Pra. Bárbara Mellado Muñoz

O que vamos deixar nesta terra? O que vamos deixar para nossa família? Muitos estão preocupados apenas em deixar um legado de bens materiais, mas existe um legado maior, e esse não perece.

Foi esse legado que me tirou de uma vida de vícios e perdição para uma vida de bênçãos no altar de Deus. O melhor legado de todos!

Gratidão ao meu Deus por toda sua bondade e a minha mãe que foi a mulher-chave para destravar meu destino, que não desistiu de mim ainda quando eu mesma já havia desistido.

Nasci no Chile, sendo prematura, com 6 meses e meio, então, só por ter nascido já foi um grande milagre! A bolsa estourou de repente e teve que ser realizado um parto de emergência por fórceps. No procedimento, amassaram uma parte do meu olho, deixando um estrabismo como sequela. Tive que usar um tampão adesivo no olho até os 7 anos. Por ter nascido muito pequena, fui crescendo muito magra, sofrendo desde criança com muito bullying, tanto na escola como no local onde morava. Fui ameaçada várias vezes, o que fez com que me envolvesse em brigas tentando me defender, principalmente durante a adolescência.

Outros problemas influenciaram meu emocional, como a revelação familiar de que meu progenitor era, na verdade, o primeiro marido da minha mãe, e não meu pai de criação. Isso me causou grande confusão e rebeldia, acarretando vários problemas existenciais e questionamentos sobre as minhas origens. Sentia minha vida ter sido uma mentira, e tudo isso fazia com que eu me sentisse rejeitada e insatisfeita com a vida.

De criança, minha mãe me levava à igreja, mas, sendo uma adolescente cheia de problemas no meu interior, escolhi outro caminho e deixei de congregar.

Me envolvi em vícios e autodestruição. Aos 12 anos, comecei a fumar; aos 13, a consumir bebidas alcoólicas; e até os 15 já estava totalmente consumida nos vícios. Tive várias intoxicações participando de festas e frequentando boates, ficava fora de casa até 4 dias. Vivendo no limite dos excessos, cheguei a cair na rua, sofrendo um traumatismo craniano. Estava totalmente fora de controle, Várias vezes pensei em tirar minha própria vida, ouvia vozes que me diziam para eu me atirar na linha do metrô, chegando a quase fazer isso, mas algo me puxava para trás. Me fechava no banheiro com faca e comprimidos, mas sempre acontecia alguma coisa que impedia que eu me machucasse.

Um momento-chave da minha vida foram as tantas madrugadas em que eu voltava tarde para casa. Perdi as contas de quantas dessas vezes, ao abrir a porta, encontrei minha mãe de joelhos orando, com a Bíblia nas mãos. Ela sempre orava por mim antes de sair ou antes de dormir, ou até mesmo quando me via em estado de ebriedade ela vinha estendendo suas mãos na minha direção. Ela declarava que eu seria livre de todo aquele mal e que eu seria uma mulher de Deus. Muitas vezes, zombei dessas orações, mas hoje sou grata por cada oração que me guardou de tantos perigos, me fazendo chegar até aqui para contar a minha história.

Sabe aquela oração que você também está fazendo pelo seu familiar? Continue, não desista! Você está no caminho do milagre!

Com 19 anos, ainda consumida pelos vícios, vivi os piores momentos da minha vida. Estávamos passando por problemas econômicos em casa a ponto de ficarmos sem luz, gás e alimentos. Com isso, minha mãe adoeceu, acordou vomitando sangue, estava com hemorragia digestiva severa. Foi um verdadeiro pesadelo.

A caminho do hospital, dentro do carro, eu estava fora de mim, gritando, chorando e falando que se algo acontecesse com ela, eu tiraria, enfim, minha própria vida. Lembro com emoção dela segurando minha mão, falando: "Calma, filha, vai dar tudo certo, vamos confiar em Deus". Pensei, dentro de mim: Como ela pode ter paz? Como ela pode confiar em Deus passando por uma tempestade tão grande? Essa calma me quebrou por dentro.

Chegamos ao hospital e o estado de saúde dela era grave. Os médicos falavam para nos despedirmos dela todos os dias. Quem não busca Jesus pelo amor, desafortunadamente, busca na dor, e no meio do desespero, fomos à igreja.

Com meu irmão, entramos aos gritos, chegando a parar o culto, pedindo socorro. Nos ajoelhamos na frente do altar, pedindo o perdão de Deus e que salvasse nossa mãe. Já nesse dia, ela teve uma melhora.

Foi marcada então uma cirurgia, e, a cada oração, começamos a ver mudanças no horário da visita. Um dia, consegui falar com ela: "Mãe, estamos indo à igreja e eu e meus irmãos queremos servir a Deus; eu quero servir ao Senhor!".

Ela me olhou confirmando, já que não podia falar. Moveu a cabeça com sinal de sim e lágrimas desceram de seus olhos, mas elas não eram de tristeza. Seu semblante estava aliviado, e no meio da pior dor estava recebendo a maior resposta de suas orações, como ela sempre determinava: "Eu e minha casa serviremos ao Senhor" (Josué 24:1).

Os desígnios do Senhor são misteriosos. Nunca vamos entender por completo, somente Ele sabe o que é melhor para cada um de nós. Dias depois, ela piorou e, em uma madrugada, ela partiu para os braços do Pai. "Combati o bom combate, terminei a corrida, guardei a fé" (2 Timóteo 4:7-8).

Na igreja, fizeram uma linda homenagem, fomos chamados na frente para receber uma oração pela família. O pastor, de joelhos, agradeceu a Deus pela vida da minha mãe e declarou que o legado de fé dela passava para nossas vidas. Lembra da importância do legado? Esse é o maior legado que podemos deixar: o legado da fé para nossa família, para toda nossa descendência. Aleluia!

Devo confessar que, ainda inconformada, questionava a partida dela. Sentei na igreja e uma obreira veio falar comigo, perguntando se poderia me ajudar. Respondi: "Ninguém pode me ajudar, minha mãe morreu", e então ela me perguntou: "Você é filha da dona Ana Maria?", respondi que sim, e foi aí que ela me disse: "Sabia que você está sentada na cadeira que sua mãe tanto guardava para você?". Na mesma hora, lembrei de quando falei para minha mãe ir à igreja na frente que depois eu chegaria. Quantas vezes ela deve ter guardado um lugar para mim, que nunca chegava? Respondi: "Mas de que serve agora, se ela não pode ver?", e ela respondeu: "Você ainda não entendeu o propósito, sua mãe vinha à igreja e guardava as cadeiras de vocês, os filhos, e agora ela foi na frente, guardar as cadeiras no céu!".

Caí em lágrimas e pedi perdão a Deus. Entendi o sofrimento que tinha causado e que minha mãe havia cumprido sua missão. Agora era minha vez, nossa vez como família de buscar a salvação. Compreendi o propósito, o milagre era eu, o milagre era nossa família buscar a Deus, esse era o pedido da minha mãe. Sentar nas cadeiras na igreja era só o início do grande caminho da Salvação.

Não foi fácil continuar sem nossa mãe, ela era a coluna da casa. Ficamos órfãos, a minha irmã caçula tinha apenas 11 anos, foi muito doloroso, mas Deus nos abraçou e nos fez ser seus filhos e não deixou faltar nada. Todos nós começamos a buscar a presença de Deus, e assim as promessas de cada um foram se cumprindo.

Na minha luta pessoal, alcançar a libertação dos vícios e de tudo que me autodestruía emocionalmente não foi fácil, foi um processo, como uma árvore sendo podada esperando nascer novas folhas. Assim, cada área da minha vida foi sendo transformada. Deus me sustentou, colocou pessoas no meu caminho, conexões dEle para ajudar a fortalecer as minhas raízes espirituais. Pastores, obreiras, meu irmão que vivemos esse processo juntos, minhas irmãs. Cada um teve uma palavra, uma oração para meus momentos de fraqueza. Sou grata a Deus pela vida de cada uma dessas pessoas.

Foi assim que Deus me fez florescer e me plantou no centro da Sua vontade e mudou toda minha história. Quem diria! Aquela jovem que muitas vezes chegou em casa sendo carregada pela bebida, que queria acabar com a própria vida, hoje, há 22 anos leva a palavra de Deus para o mundo. Aleluia!

Deus faz a obra completa, por isso consegui superar todos os meus problemas existenciais e traumas de infância. Tinha vontade de conhecer meu pai biológico e, ainda que fosse difícil de acontecer, para a glória de Deus, hoje construímos uma linda relação familiar. Aprendi a perdoar para ser perdoada, a esquecer o passado para viver o novo de Deus.

Deus me abençoou com um lindo casamento com um homem de Deus, e juntos temos levado Sua Palavra a vários lugares, do Chile ao Brasil, ensinando a manifestação do poder sobrenatural da fé, as curas e os milagres do poder de Deus.

Nesse Deus acreditamos! Só Ele salva! Mas ainda faltava um milagre na minha vida, algo que só Deus poderia fazer. Não podia ser mãe – desde jovem tinha diagnóstico de esterilidade –, mas meu marido sempre me encorajou a acreditar no milagre, e assim subimos montes orando, clamando com fé. Na minha intimidade, falava com Deus, pedindo a Ele para lembrar de mim como havia lembrado de Ana, na Bíblia:

"E fez um voto, dizendo: Senhor dos Exércitos! Se benignamente atentares para a aflição da Tua serva, e de mim Te lembrares, e da Tua serva não Te esqueceres, mas à Tua serva deres um filho homem, ao Senhor o darei todos os dias da sua vida, e sobre a sua cabeça não passará navalha." (1 Samuel 1:11)

Deixamos Deus fazer a Sua vontade, e Ele nos abençoou. Hoje somos pais do Benjamin (filho da felicidade)! Nossa #FamiliaBrachilena!

Talvez eu não consiga me lembrar de tudo que minha mãe falava, mas posso vê-la claramente de joelhos em oração. Essa é a melhor herança: um coração aos pés do Senhor e joelhos dobrados em oração são mais fortes do que mil palavras.

Tenho muito para contar e muito para agradecer, mas finalizo aqui chamando você a acreditar nesse Deus que muda, que transforma e que lembra com amor de seus filhos. Não desista dos seus sonhos, não desista da sua família, você é essa mulher-chave que vai destravar o destino de toda sua família e descendência pela fé.

Faça agora comigo esta declaração. Profetize: "Eu e minha casa serviremos ao Senhor".

Obrigada, Jesus; obrigada, família. Até uma próxima oportunidade!

Gratidão, missionária Débora Almeida e pastora Lívia Fernanda, por verem em mim uma mulher-chave para destravar destinos.

A toda amada igreja, que tem orado por mim, e a toda minha família, por me apoiar sempre. Amo vocês por toda eternidade.

"Um coração aos pés do Senhor e joelhos dobrados em oração são mais fortes do que mil palavras."

Pra. Bárbara Mellado Muñoz

Carla Padilha

Meu nome é Carla Adriana Padilha, tenho 48 anos. Nasci em Serra Grande, Petrolândia, no estado de Santa Catarina, no sul do Brasil. Atualmente, moro em Düsseldorf, na Alemanha.

Sou mãe de quatro lindos filhos: Joice, Guilherme, Luka e Lionel; avó de Maria Zoe e Davi e sogra de Maria Eduarda e Mehemed.

Sou empresária, proprietária de um salão de beleza na cidade de Düsseldorf que se chama Carla's Brasil Beauty.

carlapadilha1975

carlasbrasilbeauty

+49 (176) 60904439

+49 (176) 63328582

carlaapadilha@hotmail.com

02 DAS CINZAS À FÉ: MINHA JORNADA NA ALEMANHA

Por Carla Padilha

Na quietude das cinzas, encontrei a força para ressurgir. Minha jornada na Alemanha começou como um capítulo sombrio, mas, guiada pela luz da fé, vi-me erguendo das ruínas da adversidade.

O despertar

Recordo-me daquele dia fatídico, quando cada pedaço de minha vida parecia desmoronar. No entanto, em meio à escuridão, uma centelha divina acendeu-se, apontando para um caminho de renovação.

"Pois eu sei os planos que tenho para vocês, diz o Senhor, planos de fazê-los prosperar e não de lhes causar dano, planos de dar-lhes esperança e um futuro" (Jeremias 29:11). Este versículo tornou-se meu sustento, uma âncora em meio à tempestade. Ao chegar à terra desconhecida da Alemanha, as cinzas de minha antiga vida foram varridas pelo vento da mudança.

À deriva na Alemanha

Em solo alemão, eu me encontrava à deriva, entre línguas desconhecidas e rostos estranhos. Cada passo era uma jornada incerta, mas, nas incertezas, encontrei uma lição profunda sobre confiança e entrega.

"Confie no Senhor de todo o seu coração e não se apoie no seu próprio entendimento; reconheça o Senhor em todos os seus caminhos, e ele endireitará as suas veredas" (Provérbios 3:5-6). Essas palavras ecoavam em meu coração enquanto eu tentava compreender os intricados caminhos da vida. Nas adversidades, descobri que a fé não é apenas um abraço para a alma, mas uma bússola que orienta mesmo nos terrenos mais desconhecidos.

Entre ruínas, a esperança floresce

Caminhando por entre as ruínas do meu passado, percebi que a esperança, como uma flor resistente, pode florescer mesmo nos lugares mais improváveis.

"Para cada coisa há um tempo, para cada propósito debaixo do céu." (Eclesiastes 3:1)

Nesses momentos de reconstrução, compreendi que o tempo divino é mestre em transformar cinzas em beleza. Cada desafio enfrentado na Alemanha era uma oportunidade para testemunhar a manifestação da graça divina.

Alianças inesperadas

As alianças que formei durante minha estadia na Alemanha eram como elos divinos, forjados nas fornalhas da diversidade. Em meio a diferentes culturas, descobri que a verdadeira comunhão vai além das barreiras linguísticas e culturais.

"O Senhor é bom, um refúgio em tempos de angústia. Ele protege os que nele confiam." (Naum 1:7)

Em cada amigo, em cada auxílio inesperado, vi o reflexo da bondade divina. A Alemanha não era apenas um novo lar, mas um palco onde Deus revelava sua bondade de maneiras imprevisíveis.

Gabi, a mão estendida

No curso da minha jornada, uma figura extraordinária emergiu como um farol em minha história alemã: Gabi. Ela era mais que uma amiga; era uma benção divina, a mão estendida que me guiou nos momentos mais escuros.

"O que é amigo ama em todos os momentos; é um irmão na adversidade." (Provérbios 17:17)

Gabi personificou a verdade dessas palavras. Nos seus olhos, eu encontrei compaixão; em seu sorriso, esperança. Quando as palavras falhavam, sua presença era uma testemunha silenciosa da graça divina.

Lições nos gestos simples

Gabi, com sua simplicidade, ensinou-me lições que transcendiam qualquer barreira cultural. Cada gesto, por menor que fosse, tornava-se uma página no livro da minha renovação.

"E qualquer que receber em meu nome um menino tal como este, a mim me recebe" (Mateus 18:5). Na bondade de Gabi, vi a encarnação desta passagem. Receber dela era abraçar a pureza de coração e a disposição para amar sem reservas.

O impacto duradouro de Gabi

À medida que a narrativa avançava, compreendi que Gabi não era apenas uma personagem secundária, mas uma peça central na trama divina da minha vida. Seu impacto perduraria além das páginas do meu relato.

"Assim também a fé, se não tiver obras, é morta em si mesma." (Tiago 2:17)

Gabi, com suas obras de amor e compaixão, deu vida à fé que professávamos. Cada ato dela era uma resposta ao chamado divino de ser uma luz para o próximo.

Desafios e triunfos compartilhados

Ao lado de Gabi, enfrentei desafios que poderiam ter parecido insuperáveis sozinha. Cada reviravolta, cada montanha íngreme, tornou-se mais suportável sob a luz da amizade que florescia entre nós.

"Melhor é serem dois do que um, porque têm melhor paga do seu trabalho." (Eclesiastes 4:9)

A parceria com Gabi era a personificação desta sabedoria. Juntos, descobrimos que a alegria é multiplicada e as tristezas são compartilhadas quando caminhamos em união.

A arte de recomeçar

Ao redescobrir minha fé na Alemanha, deparei-me com um entendimento mais profundo do propósito divino. As dificuldades não eram obstáculos, mas ferramentas moldando-me à semelhança do plano celestial.

"E sabemos que em todas as coisas Deus trabalha para o bem daqueles que o amam, dos que foram chamados de acordo com o seu propósito." (Romanos 8:28)

Cada revés revelava-se como um capítulo necessário na história da minha redenção. O propósito divino, muitas vezes, revela-se nos lugares menos prováveis e nos momentos menos esperados.

A criação de um novo amanhecer

No silêncio das minhas orações, compreendi que Deus estava criando um novo amanhecer em minha vida. As cinzas do passado não eram um fim, mas um solo fértil para o florescer de uma nova jornada.

"Pois as misericórdias do Senhor são a causa de não sermos consumidos, porque as suas misericórdias não têm fim." (Lamentações 3:22)

A misericórdia divina tornou-se a canção que embalava meu coração durante as noites escuras. A cada novo dia na Alemanha, via o desdobrar da graça que me sustentava.

O retorno renascido

À medida que minha jornada na Alemanha se desenrolava, percebi que a redenção não é apenas um evento, mas um processo contínuo. O retorno à minha essência verdadeira era como a fênix emergindo das cinzas, agora equipado com uma fé inabalável.

"Mas aqueles que esperam no Senhor renovarão as suas forças. Subirão com asas como águias; correrão e não se cansarão, caminharão e não desfalecerão." (Isaías 40:31)

Cada passo era guiado pela promessa de que, na espera confiante, encontraria forças renovadas. A Alemanha tornou-se o palco de minha transformação, e eu emergia, não apenas ressuscitado, mas renovado.

Levantei-me das cinzas

Em uma terra distante, eu confrontei barreiras linguísticas, isolamento cultural e desafios profissionais. As lágrimas de saudade por minha família e minha terra natal regavam o solo árido de minhas lutas. No deserto de incertezas, eu clamei a Deus por orientação, recordando versículos como Isaías 41:10: "Não temas, porque eu sou contigo; não te assombres, porque eu sou teu Deus; eu te fortaleço, e te ajudo, e te sustento com a minha destra fiel".

Deus começou a trabalhar em silêncio. Os dias sombrios transformaram-se em uma jornada de crescimento espiritual. Eu encontrei força em Salmos 46:1: "Deus é o nosso refúgio e fortaleza, socorro bem presente nas tribulações". Meus fracassos tornaram-se degraus na escada da fé, e eu aprendi a confiar na promessa de Romanos 8:28: "E sabemos que todas as coisas contribuem juntamente para o bem daqueles que amam a Deus".

O deserto não era o fim, mas um capitulo da minha história, que começava ali, ao abraçar os princípios de Filipenses 4:13, que diz: "Posso todas as coisas em Cristo que me fortalece".

Eu redescobriu minha determinação. Deus estava reconstruindo minha esperança, e a cada passo eu via o cumprimento de Deus na minha vida. Em Jeremias 29:11: "Porque sou eu que conheço os planos que tenho para vocês, diz o Senhor, planos de fazê-los prosperar e não de lhes causar dano, planos de dar-lhes esperança e um futuro".

Triunfo da fé

As cinzas deram lugar a um testemunho vivo. Do deserto árido, floresci com a graça divina. Eu emergi não apenas como uma mulher bem-sucedida. mas como uma testemunha do poder transformador de Deus.

Minha história ecoa o salmo de Davi em 30:5: "Porque a sua ira dura só um momento, mas o seu favor dura a vida toda; o choro pode durar uma noite, mas a alegria vem pela manhã".

Eu, agora erguida das cinzas, senti o chamado de expressar gratidão. Abraço o versículo em 1 Tessalonicenses 5:18: "Em tudo, dai graças, porque esta é a vontade de Deus em Cristo Jesus para convosco".

Meu chamado é compartilhar a mensagem de que, mesmo nas cinzas da desolação, Deus é capaz de trazer um renascimento espiritual. Eu sou uma mulher transformada pelas promessas divinas, que agora proclama que, com Deus ao meu lado, nem uma situação é irremediável. Eu sou uma testemunha viva do milagre que ocorre quando confiamos nas palavras de Deus.

A reconstrução da esperança foi uma obra prima divina. Assim como Neemias reconstruiu os muros de Jerusalém, eu vi Deus restaurando não apenas a minha esperança, mas também os destroços do meu coração.

Provérbios 24:13 tornou-se meu lema, pois o justo cai sete vezes e se levanta, mas os ímpios tropeçam no mal.

O triunfo da minha fé não foi apenas uma vitória pessoal. foi um testemunho. Vivo do poder da intervenção divina. Minha narrativa ressoa com a verdade de Romanos 15:13: O Deus de esperança vos encha de todo o gozo e paz no vosso crer para que sejais ricos de esperança no poder do Espírito Santo.

Quando fui erguida das cinzas, somente respondi ao chamado e refleti no Salmo 103:2.5: "Bendize, ó minha alma, ao senhor, e não te esqueças de nenhum dos teus benefícios. Ele é quem perdoa todas as tuas iniquidades, quem sara todas as tuas enfermidades, quem redime a tua vida da perdição, quem te coroa de benignidade e de misericórdia".

Nesta história, sou mais do que uma vencedora, sou uma testemunha viva do poder redentor de Deus em cada capítulo da minha jornada, entrelaçada com promessas bíblicas formando um testemunho que inspira outras pessoas a confiarem nas mãos que podem transformar cinzas em beleza, e essas mãos são as mãos de Deus.

Sou uma testemunha viva dos milagres de Deus que acontecem nas nossas vidas, basta apenas confiar nEle e ter fé. Nunca desista dos seus objetivos e dos seus sonhos, pois tudo podes naquEle que vos fortalece.

"Somente Deus pode nos levantar das cinzas. Quando pensei que tudo estava perdido e eu estava em cinzas sobre cinzas, Ele veio e me levantou."

Carla Padilha

Dayanne Lima

Sou Dayanne Lima, natural de Recife, Pernambuco/PE. Resido em Candeias com minha querida família, meu esposo Adriano Silva e minhas lindas filhas Sabrina, Camila, Débora e Rebeca.

Sou estudante de Psicologia e fundadora do Ministério Mulheres Reconstruídas Sem Fronteiras, no qual temos como objetivo ajudar mulheres a ressignificar as suas dores e viverem o seu propósito.

Enquanto escrevo este livro, trago à memória os dias em que enfrentei grandes desafios para conseguir recomeçar. Falarei um pouco sobre como é bom viver a vida e de que modo experimentar as coisas mais simples dela nos faz viver o extraordinário. Aqui, revisitarei o meu passado, um dos vales mais dolorosos, de muita dor e lágrimas, uma das experiências mais profundas que vivi, e de que forma aprendi a transformar a minha volta, a partir de mim mesma.

dayannelimacs

mulheres_ rec_sem_fronteiras

03 DEUS TRANSFORMA AMARGURA EM FELICIDADE

Por Dayanne Lima

Recomeçando e desapegando do passado, do vitimismo e das ofensas, segui em frente, reescrevendo uma nova história. Sou casada há 24 anos com Adriano Silva. Quando nos casamos, éramos muito jovens e imaturos, e eu jamais imaginava que no meu casamento eu iria enfrentar um processo doloroso como esse da infidelidade. Fiquei totalmente frustrada e decepcionada. Doeu muito vivenciar isso. Me encontrei em momentos em que pensei que toda dor que estava sentindo nunca iria passar, mas aprendi que o choro não é para sempre, e a dor, ela nos ensina, e como precisamos aprender com cada uma delas. Dói gerar um testemunho.

Enquanto eu me dedicava a minha casa e filhas, meu marido curtia como se tivesse uma vida de solteiro. Foi algo difícil de enfrentar, mas permaneci crendo e declarando que, mesmo que nada estivesse favorável, eu não iria desistir, pois entreguei o governo do meu casamento e família nas mãos do meu Senhor.

Eu precisava permanecer firme no caminho, nada estava do jeito que eu idealizei, mas eu sempre perseverei, dizia: "Deus, eu não casei para sofrer, mas sim para constituir uma família e ser feliz".

Permaneci crendo que, um dia, eu colheria os frutos das minhas orações que foram regadas em lágrimas. Às vezes em que eu o acompanhava, ia para ambientes onde eu não queria estar, mas sempre em espírito de oração, declarando que ali não era o local que eu gostaria de estar com meu marido. Com o tempo, comecei a enxergar mudanças em meu marido. Ele foi amadurecendo, mas ainda muito resistente para ir à igreja, e quando ia comigo e nossas filhas, não assistia até o término do culto. Sempre afirmava: "Eu nunca vou ser crente, tampouco como você". Aquelas palavras que saíam de sua boca, projetadas a um sentimento de indiferença, não eram densas o suficiente para ter vindo do coração. Em seus olhos, conseguia enxergar que ali grandes obras o Senhor estava fazendo.

Em 2018 passei pelo vale mais profundo, o vale da sombra da morte. Esse vale não me matou, mas me marcou. Me encontrei em um estado físico em que até mesmo lavar um copo ou pentear os cabelos, que para muitos é algo simples, para mim, era impraticável, eu não tinha forças. Passei por quatro graves hemorragias, o médico teve que refazer várias vezes a mesma cirurgia, e entre idas e vindas à sala de cirurgia, eu senti a morte! A única coisa que meu coração gritava, por palavras que da minha boca não eram possíveis sair, era: "Deus, não me deixe morrer. Eu te prometo que jamais serei a mesma". Nesse dia, senti meu espírito sair do meu corpo. Eu orei com todas as forças que ali me restavam: "Senhor, não me deixe morrer! Minhas filhas são muito pequenas e meu marido ainda não teve um encontro contigo". Foram dias sofridos, cheios de limitações, eu estava muito fraca e debilitada. Conservei meus olhos fixos em Jesus, naquEle que é imensurável, inigualável, infinito, onipresente, onisciente, naquEle que me deu esperança. Eu não desanimei e não desisti de viver. Em minhas orações eu declarava e ansiava por vida. Prometi ao Senhor que eu iria celebrar cada segundo da vida como se fosse único, e cada pessoa que passasse em minha vida seria marcada por uma porção de amor, exalada pelo perfume do céu, deixando um legado de ternura, amor, mansidão e humildade.

Eu já não era mais aquela mesma Dayanne. Aos poucos, cada dia que passava era uma batalha vencida. Fui prosseguindo, vivendo cada dia como se fosse o único. E venci, amparada por aquele que não me abandonou. Nunca estamos sozinhos, Ele senta ao nosso lado e nos abraça com Seus braços de amor, misericórdia, consolo e graça.

Depois desse vale, meu casamento seguia rumo às Bodas de Porcelana. Meu desejo era me casar novamente para celebrar os nossos 20 anos de casados. Estava muito exultante, cheia de expectativa, mas o que eu almejava estava se tornando uma provação ardente. Comecei a me sentir dentro de uma fornalha, fui invadida por um vazio, meu relacionamento estava amargo, sentia como se o telhado da minha casa estivesse caindo. Eu me perguntava o que estava acontecendo, pois algo havia mudado. Minha visão estava embaçada, eu não conseguia enxergar. Algo estava oculto e eu precisava me posicionar. Comecei a ficar em alerta, sentia que meu marido não estava do mesmo jeito, era como se ele tivesse mudado. Foi então que comecei a orar ao Senhor: "Pai, tens olhos como uma chama de fogo, o Seu rosto brilha tanto como os raios de sol, Jesus. Traz o resplendor da Tua glória, que é inefável. Dissipa todas as trevas com o Teu toque, que nos tira de qualquer tribulação, e que a Tua mão nos alcance". Eu mal podia esperar o que estava por vir. Meu casamento estava em crise! Senti como se a celebração dos 20 anos – Bodas de Porcelana – tivesse escorregado das minhas mãos, caído no chão e que todos os cacos tivessem sido arremessados por todas as partes. Eu dizia: "Deus, eu não irei suportar". Descobri que meu marido estava me traindo. Meu coração ficou despedaçado, quebrado, em inúmeros cacos da nossa história. Estava doloroso demais, difícil de suportar, me pegava questionando a Deus o porquê dessa permissividade, por que ele não evitou essa dor. Em alguns momentos, a maneira como Deus trabalha parece confusa, não entendemos, achamos que perdemos tudo, que o sonho acabou, que não temos como amar mais, e o amor se torna algo extremamente distante. Me tranquei no meu quarto, chorei por dias, não possuía forças para me levantar, não sabia qual decisão iria tomar. Os meus pensamentos eram ancorados em apenas um questionamento: "Há 20 anos eu oro por ele, e esse é o presente, essa é a celebração que eu recebo?". Foi quando o Senhor ministrou em meu coração: "Vá à casa do oleiro, e ali você ouvirá a minha mensagem". Naquele momento, a doce voz do espírito ministrou meu coração: "Recomece! Enquanto você está dizendo que está quebrada, que perdeu tudo e que não vai conseguir prosseguir, eu estou aqui, olhando tudo e juntando cada caco. Farei um vaso novo, de porcelana, estou juntando caquinho por caquinho, será tão lindo, que todos irão perguntar: Como foi isso? Você vai celebrar uma nova história. A porcelana que quebrou será refeita por Mim, o oleiro. Como o vaso nas mãos do oleiro, assim são vocês em Minhas mãos. Levanta-te! Sei que estais em pedaços, mas irei reconstruir seu casamento".

Os dias foram passando e em meu coração se encontrava o trabalhar de Deus. E, novamente, fui surpreendida por mais um vale, mas, desta vez, quem estava vivenciando-o era meu esposo. Do dia para a noite, surgiu uma dor intensa na sua coluna. Ele sentia tanta dor que mal conseguia ficar em pé. Eu não estava entendendo o porquê daquilo, mas Deus tem suas formas para alcançar o nosso coração. Ele sabe como agir, sabe como nos levar a ter um encontro com Ele. Ali, orei a Deus para carregar o meu fardo, pois Ele é um Deus que sofre com os seus filhos, Ele é socorro, é alívio e se comove com os nossos sofrimentos e provações. Ele é o nosso amigo íntimo, um Pai de amor, que nos espera de braços abertos e acessa, com consolo, os lugares mais profundos do nosso ser. Os meus pensamentos estavam em uma enorme batalha, entre a ferida que em mim estava exposta e o doce amor e consolo do Espírito Santo que em mim tomava conta. Foi difícil ter que tornar invisível aquela ferida, em prol de amparar a própria pessoa que a criou. Segui caminhando e clamando ao Senhor que me ajudasse a amar novamente, para que meu marido sentisse o Seu amor e a Sua ternura através da minha vida. Eram idas e vindas ao hospital, até que o médico solicitou uma tomografia, e nela constava que a coluna dele havia sido afetada por um desgaste do disco que ocasionara uma fissura, e que apenas cessaria com uma cirurgia da retirada do disco da coluna. Ele passou por uma cirurgia de emergência e precisou ficar em casa, de repouso, pelo período de 3 meses. Ali, realmente, foi o começo do tratar de Deus. Estava eu curando e sendo curada na dor. Muitas vezes, as lágrimas desciam e, apesar das circunstâncias, eu dizia: "Deus, eu não vejo nada, não entendo nada, mas uma convicção eu tenho, o Senhor está Se movendo e tens o melhor para mim". O Senhor estava fortalecendo meus músculos espirituais, para que eu pudesse atingir um novo nível de autoridade e fé. O tempo foi passando e Deus foi curando o meu coração. Foi necessário sacudir a poeira e ignorar o passado, deixando as ofensas de lado. Não tem como viver o novo relembrando o passado, carregando a velha dor. Desapegue, deixe tudo e siga para viver o novo tempo em plenitude. Seja curada através do toque do Espírito Santo de Deus e prossiga livre, permita que essa ferida seja cicatrizada, para que se torne uma marca de algo que você passou e venceu. Eu prossegui para um novo tempo.

Após 23 anos de muita oração e batalhas vencidas, chegou o grande dia. Dia de declarar: "Eu e minha casa servimos ao Senhor". Meu esposo se converteu, em uma entrega genuína e verdadeira. Hoje estou como quem sonha, vivendo os sonhos de Deus.

Um casal improvável, onde o amor nos curou! Nos perdoamos e nos amamos e dissemos "SIM" para cumprir o nosso propósito. Temos vivido um tempo profético de cumprimento das promessas. Hoje, olhando para trás e para tudo que tive que enfrentar, sou tomada por um sentimento de gratidão e honra. Se você está orando por alguém incansavelmente, não desista. Mesmo que nada esteja favorável, tenha constância, permaneça firme. Não esqueça de quem está no controle. Creia, continue avançando, o céu vai se mover a seu favor, mesmo que doa, mesmo que as lágrimas caiam, um dia, você irá declarar que grandes coisas fez o Senhor, porque não é sobre nós, mas é tudo – e sempre será – sobre Ele. Deus é especialista em reescrever uma nova história, Ele constrói um novo vaso e usa nossa vida e todo o processo de superação para inspirar outras pessoas. Passar por tudo isso me fez ser quem eu sou hoje. Vestes novas, calçados novos, uma estação nova. "Em lugar de vergonha, tereis dupla honra" (Isaías 61:7).

Ele transformou desespero em esperança; amargura, em alegria. Deus transforma casamentos infelizes em fonte de regozijo.

“Recomeçar! É a oportunidade de começar de novo, de virar a página, ressignificar a ofensa, reescrever e viver uma linda e nova história.”

Dayanne Lima

Débora Almeida

Sou Débora Almeida, missionária, escritora, mentora e palestrante. Formada em liderança feminina, psicanalista em formação e conferencista internacional, já estive em quatro países semeando a santa palavra de Deus.

Mãe da Thayná Almeida e esposa do Severino Lima. Sou líder da comunidade Evangélica Betel, juntamente com meu esposo, que é pastor presidente no Rio de Janeiro, Brasil.

Fundadora do projeto Conexão Destino e da Escola de Destino Mentoria para Mulheres Cristãs, conectando vidas ao propósito de Deus, mulheres sendo conectadas mundo afora, cuidando e auxiliando mulheres há 10 anos e organizando encontros.

debora.almeidaoficial

deboraalmeida435@gmail.com

comunidade_betel2007

conexaodestino

escoladedestino

+55 (21) 96431-5970

04 UMA MULHER-CHAVE DESTRAVA DESTINOS

Por Débora Almeida

"Mas agora vos admoesto a que tenhais bom ânimo, porque não se perderá a vida de nenhum de vós, mas somente o navio." (Atos 27:22)

Conheci Jesus em um momento muito difícil da minha vida, dentro de um cemitério, em meio à dor do luto e a um sofrimento que passei em 2001. Foi exatamente quando perdi meu pai. Ali começava uma nova trajetória na minha vida, na verdade eu não tinha noção do que Deus estava reservando para minha história, pois cenários improváveis geram destinos incríveis.

In memoriam a Daniel

"Antes que eu te formasse no ventre te conheci, e antes que saísses da madre te santifiquei; às nações te dei por profeta." (Jeremias 1:5)

A exatamente sete anos atrás eu tive um sonho onde estava caminhando descalça por um trilho de trem em outro país. No meio do caminho, eu avistei uma mesa grande com muitas Bíblias, porém o que me chamou atenção é que as capas eram de alguns países, e as únicas que eu conseguia reconhecer eram as do Brasil, Portugal e Israel.

Os pés significam equilíbrio, direção, destino

Quando perdi tudo numa enchente em abril de 2019, não me pergunte o porquê, mas os únicos elementos que, no calor das emoções, meu esposo conseguiu salvar foram, primeiro, os documentos da igreja e, depois, meus sapatos. Eu perdi coisas, mas não me perdi daquEle que restaura todas as coisas. Na ocasião, estávamos com a turma de seminário e perdemos um arsenal de livros novos, ainda fechados.

Porém, em meio a toda essa tempestade, meu esposo conseguiu avistar um lindo peixe que estava no quarto de hóspedes. Imediatamente ele me chamou, me pediu para abrir as mãos e falou: "Quer pegar um peixe?". No calor das emoções, minha resposta para ele foi: "Não é hora de brincadeiras!", pois bem, mas ali estava – pasme – um peixe que ficou sendo criado por nós durante 6 meses. O seu estado atual não define quem você será em Deus amanhã.

Esta tragédia fez parte da história que eu vim relatar para você através deste livro. Esta fase não definiu quem eu sou. Seu destino é dar passos de fé em direção ao seu propósito. Deixa eu te falar uma coisa: é em meio ao caos da sua vida que Deus estará degustando as suas reações; não peça explicações no meio do processo, somente obedeça as direções para que o resultado seja de excelência. Ele sabe o que está fazendo. Preste atenção aos sintomas e sinais nesta embarcação, a nossa vida é como uma viagem, às vezes tempestuosa, e nós escolhemos o destino da nossa viagem, mas não a maneira como vamos chegar lá. Ventos contrários surgirão em forma de prejuízos e danos servirão para testar sua resistência para o tamanho do propósito que você vai vivenciar. Existe uma promessa liberada sobre a sua vida, e essa promessa passa pelo teste da persistência, pois a persistência quebra a resistência.

Mesmo quando você achar que está mais quebrado do que arroz de terceira, Deus continua apostando e acreditando no seu potencial. Ele é o fabricante e conhece como ninguém o seu manual de fábrica.

O seu chamado é resposta para as nações, você precisa atravessar as fronteiras da rejeição, do medo, da atrofiação e da inconstância. Está na hora de se levantar da embarcação do vitimismo; reaja, não dê desculpas ao Deus que já lhe deu um destino, você é o seu único limite. Num cenário de crise existencial, a minha única alternativa foi me abrigar no telhado, o esconderijo de Deus para minha vida. O processo te esconde, o processo te deixa de lado, o processo te cobre e te deixa invisível, é nessa honra, disfarçada de deserto e escassez, que Deus vai Se revelar de uma forma sobrenatural sobre a sua vida, trazendo cura para sua alma e refrigério para milhares de mulheres que Deus vai conectar a sua história, fazendo com que você destrave destinos alheios através da sua superação. A sua história não será esquecida, você nasceu para cumprir uma missão, e a minha, naquele momento, era me reconstruir em meio aos escombros emocionais, no porão disfarçado de telhado. Ali, fiquei com meu esposo e nossa cachorra uma madrugada e mais um dia inteiro sem comida e sem bebida. Lá embaixo, a água já estava a 1 metro, lembrando que quem nos alertou foi nossa cachorra. Tudo aconteceu muito rápido, as coisas acontecem de repente, porém eu quero lhe dizer que é durante esse de repente, que aos seus olhos parece uma bagunça, que o nome do Senhor será exaltado sobre a sua vida. Deus não muda de ideia a respeito de quem Ele chama e vocaciona (Romanos 11:29).

Você não vai morrer nessa tempestade. Lembra que o apóstolo Paulo foi mandado para a Itália dentro de um navio prisioneiro? A Bíblia diz que os ventos eram contrários, contudo, nesse momento, o anjo do Senhor aparece para ele e diz: "Tenhais bom ânimo! Pode toda embarcação se perder, mas não se perderá a vida de nenhum de vós; nas mãos de Deus está o nosso Destino, Ele é quem conduz nossas vidas" (Atos 27:22-25).

O bazar faz parte dos meus recomeços. Ainda no mês de abril, lá no final, eu tinha uma agenda em São Paulo. Chegando lá, fiquei hospedada na casa de uma amiga que já sabia de todo ocorrido. Avisei a ela que não tinha roupa para pregar, então, logo ela me levou num bazar próximo dali. Ao chegar, quando olhei na vitrine, vi uma linda saia de veludo preta, novinha. Lembro-me como se fosse hoje, fui perguntar o tamanho e o valor, porém o que me chamou atenção foi quando eu ouvi a seguinte frase: "A maioria que vem aqui gosta dessa saia, só que não coube em ninguém, estava guardada para você. Aprenda uma coisa: o que Deus tem reservado para sua vida não vai caber em ninguém, então, levante-se desse calabouço emocional e abrace o seu processo, não fiquei apavorada em meio aos açoites da vida, tudo isso faz parte do propósito que Deus tem contigo". Eu saí dali pronta para cumprir o meu chamado.

Quando Deus te escolhe para uma missão, é porque Ele sabe o tamanho do seu potencial. Avance, encare de frente os embates da vida. Fugir e se lançar ao mar é aceitar a derrota covardemente. Talvez você possa estar lendo este livro e pensando: "vou pular fora do barco", porém, eu lhe digo: fugir não é a solução. Acovardar-se diante das adversidades da vida não vai resolver as crises existenciais, está na hora de encarar essa situação de frente (Josué 1:9). Não fui eu que ordenei que você seja forte e corajosa, então, não se apavore nem desanime, pois o Senhor, o seu Deus, estará com você por onde quer que você vá.

Houve momentos em minha vida que eu gritava. Na verdade, a minha alma estava sangrando, o medo e a incerteza sempre insistiam em entrar no meu barco. Não navegue sem Jesus, é preciso deixar ele entrar no barco da sua vida e acalmar as tempestades. O seu estado atual não define o seu destino, então não desanime, pois os ventos fortes só surgem para mostrar como está a nossa estrutura. Não adianta você andar na estrada que não é sua porque você vai chegar no destino do outro, e Deus quer que você chegue no destino que Ele tem reservado para a sua vida.

Enfim, a tempestade passou, o sol voltou a brilhar sobre minha vida e as coisas começaram a voltar aos seus devidos lugares. O tempo passou e, quando eu achei que estava me reestruturando, respirando aliviada, achando que aquela página triste havia virado, novamente entra um vendaval pelas janelas da minha alma, abalando toda a minha estrutura.

Era começo de fevereiro 2020, estávamos na pandemia, e num belo dia, voltando de um compromisso, senti um leve desconforto na minha perna direita. Era um pequeno nódulo. Fiquei dias e noites sem poder dormir de dor, mordendo uma toalha a ponto de não conseguir andar direito, pois a dor era insuportável. Os dias foram se passando e aquele caroço crescendo de forma absurda a ponto de eu não conseguir andar direito. As noites eram longas, pareciam intermináveis. Lembro-me que a dor era tão grande que eu andava pela casa toda, eu caminhava pelo quintal mordendo uma toalha de banho para suportar a dor, assim eram os dias, como se fossem repetidos. Eu já não aguentava mais tanto sofrimento, sem conseguir dormir. Era um misto de cansaço físico com fraqueza e muita dor, na verdade, eu não estava aguentando tantas noites em claro. Em meio a esse processo, perdi os meus cabelos. Tive que cortá-los e aceitar a realidade de todo aquele processo, mas eu já não queria me encarar no espelho. Pedi a Deus que me preparasse e me levasse. Nesse mesmo dia, satanás me visitou e disse que iria me arrancar do altar e que tudo havia acabado. Eu repreendi e o Espírito Santo gritou na minha alma: "Está pedindo a morte por quê? Você não disse 'haja o que houver, venha o que vier, eu aceito o Seu chamado'? Então está pedindo a morte por quê? Sou Eu contigo, você foi convocada para retornar ao seu lugar de origem, filha amada, (identidade) que nada tem a ver com a aparência".

Amada, eu havia me esquecido que tinha feito um ato profético levantando as minhas mãos 8 anos atrás, mas o Deus que me chamou não esqueceu, então, cuidado com o que você promete ao Senhor, porque vai ficar registrado na eternidade.

Escrevo este capítulo em lágrimas, pois só eu sei dos processos que tive que enfrentar e das tempestades que precisei atravessar. Parecia que aquele dia da cura nunca iria chegar, parecia que as inúmeras promessas não iriam se cumprir. Enfim, depois que o senhor falou comigo, foi a melhor noite da minha vida. Dali em diante, eu fui melhorando, o Deus de Israel me visitou com cura.

Engraçado que eu tinha sido avisada que passaria por um vendaval para que as minhas estruturas fossem firmadas, pois o nível que Deus iria me levar exigiria resistência e flexibilidade. Hoje estou aqui deixando esse pequeno relato para te encorajar a prosseguir, perseverar e continuar. Quem diria que aquela mulher improvável hoje se tornaria escritora!

Que mulher você será depois de um ano da jornada, aquela que se levantou e fez história ou aquela que está até agora sentada no banco do vitimismo? Eu, Débora, decidi me levantar e cuidar de vidas. Lembre-se: o poder de mudança está em suas mãos. Ser protagonista da sua história ou plateia da vida alheia só depende de você. Lembre-se: o avião decola contra o vento.

“Que mulher você será depois de um ano da jornada? Aquela que se levantou e fez história ou aquela que está presa no banco do vitimismo?”

Débora Almeida

Pra. Eliana Carneiro

Sou Eliana Martins Carneiro, tenho 59 anos de idade e sou natural de Araguari, Minas Gerais. Moro em Uberlândia, no interior de Minas, com minha família: meu esposo Jadir; meus três filhos, Mateus, Alanya e Annaylle; minha nora, Ana Clara; e meu genro, Eduardo.

Juntamente com meu esposo, sou Ministra do Evangelho há 40 anos, servindo a Jesus na Igreja do Evangelho Quadrangular, onde também exerço o trabalho de aconselhamento e discipulado com pastores, líderes e mulheres.

Sou idealizadora da Conferência Mulheres de Sucesso em Uberlândia há 16 anos. Além do pastoreamento local, também somos Superintendentes Regionais de nove igrejas, sendo responsáveis por elas perante os Conselhos Estadual e Nacional da Igreja.

Sou formada em Teologia pelo Instituto Teológico Quadrangular e pós-graduada no Seminário Palavra e Poder.

carneiroelianamartins

+55 (34) 98810-5968

pra_eliana@hotmail.com

05 SEM MERECER, SEM CHANCE, PORÉM, ABRAÇADA PELA GRAÇA

Por Pra. Eliana Carneiro

No livro de Jó 42:2 está escrito: "Bem sei que tudo podes e nenhum dos seus planos podem ser frustrados".

Sou fruto da maravilhosa graça de Deus, que nos abraça sem merecermos, que nos ama e nos projeta um lindo propósito que só Ele vê e conhece. Sim, aqui você vai ler relatos de um Deus que é pai e que encontra uma pessoa sem nenhuma chance e sem nenhum merecimento e a conecta a um futuro de paz e alegria.

No momento que escrevo este capítulo, já estou com meus 59 anos, e, olhando lá atrás, jamais imaginaria ser escolhida para participar da autoria de um livro. Mas, hoje, entendo o que Paulo quis dizer com "Deus escolhe as coisas loucas deste mundo" (1 Coríntios 1:27-29) Ele Escolhe! Aleluia! E olhe onde Ele, em sua graça me encontrou. Na pequena cidade de Araguari, Minas Gerais. Ali, em uma rua sem asfalto nem saneamento básico, uma casa pequena de apenas três cômodos, com lamparinas à base de querosene, água, que era tirada com baldes de uma cisterna, uma horta bem verdinha para ajudar a alimentar uma senhora, minha preciosa mãezinha, e seus dez filhos, que tinham a paternidade dividida entre quatro homens, que não podiam ser chamados de "pais", pois não se importavam em desempenhar esse papel.

No meio de muita pobreza, falta de amor, diálogo e respeito, muitos vícios e brigas, crescia em mim muita raiva, solidão e amargura contra minha mãe, contra a vida e até mesmo contra Deus. Deus? Não o conhecíamos. Mas Ele sempre nos amou. E por mais que não houvesse nenhuma chance de sair algo bom daquela família, o propósito dEle iria prevalecer. Lembro-me da pergunta de Natanael a respeito de Jesus: "Pode vir alguma coisa boa de Nazaré?" (João 1:43). Fogão a lenha, casa de tijolos de barro, uma família totalmente disfuncional. Poderia sair algo bom dali? A graça de Jesus responde que sim!

Ali eu crescia, sem nenhuma perspectiva de mudança. A cada manhã era uma nova dor, um novo sofrimento, e o que já estava ruim piorava. Sabemos que, no mundo espiritual, o diabo usa situações assim para nos ferir e nos paralisar, pois esse é o seu propósito (João 10:10), e as feridas que sofremos por aqueles que amamos são as mais doloridas. Quando eu tinha 9 anos de idade, minha mãe, na esperança de ter um pouco de alívio nas despesas, enviou minha irmã mais velha e eu para um abrigo, uma espécie de "lar" para crianças carentes. Mal sabia que ali eu viveria um grande trauma, que desencadeou graves problemas como timidez, complexo de inferioridade e síndrome de rejeição. Eu tinha um descontrole urinário noturno e a pessoa que estava responsável pela direção daquele "lar", sem nenhum preparo ou empatia, me expôs diante de todos, no pátio, com os lençóis molhados de urina na cabeça, na expectativa de ensinar às outras crianças que era errado fazer xixi na cama. Como ter esperança diante de tanta dor? Conhecendo o amor de Deus que escolhe os improváveis e os abraça com graça!

Uma infância cheia de privações profundas em todas as áreas, falta de carinho, de amor expresso em palavras e toques deixou em mim marcas de rejeição, desprezo, complexos e muita revolta, uma identidade de orfandade grande que me impedia de enxergar Deus como meu Pai amoroso e gracioso. Por isso eu digo: sem merecer, sem chance, fui abraçada pela graça.

Com 13 anos de idade, a graça de Deus chegou até nossa família! E foi através de um simples convite para participar de um culto. A essa altura, eu tinha sérios problemas de rebeldia, agressividade, enfermidades. Mas lembro-me de uma escritura que marcou e marca o meu espírito até hoje: "Onde aumentou o pecado, superabundou a graça" (Romanos 5:20b) Aleluia! É isso mesmo que você acabou de ler: graça!

A graça não é um ensino, não é uma doutrina; graça é uma pessoa. É a pessoa de Jesus Cristo, nosso Senhor e Salvador! Ele me encontrou, me abraçou e me mostrou que somente Ele é o "Caminho, a verdade e a vida" (João 14:6). Eu o recebi no meu coração, me batizei nas águas, fui cheia do Espírito Santo. Me apaixonei pela palavra de Deus! Agora vivo cheia de fé e esperança!

"O amor de Deus foi derramado no meu coração pelo Espírito que me foi dado" (Romanos 5:5). Fui curada da amargura e do ressentimento que tinha pela minha mãe. Para quem olhasse de fora, estava tudo do mesmo jeito, porém, no meu espírito havia cura, novidade de vida e uma convicção de que eu nasci para alcançar novos níveis! "Aquele que está em Cristo nova Criatura é!" (1 Coríntios 5:7). Sim, é isso que experimentamos, vida nova! Passamos a ter novidade de vida, alegria e paz. Comecei a experimentar um fluir de amor, uma leveza, alegria e esperança que só se recebe crendo e aceitando o dom gratuito da salvação em Cristo.

A convicção que foi gerada em Deus, para glória dEle, foi extraordinária. De uma menina sem nenhuma instrução, com tantas feridas emocionais, a graça me posicionou em Deus. A certeza de que sou amada, perdoada, abençoada e abençoadora me deu ousadia para crer por mim e pela minha família. O Senhor Jesus, pelo ensino da palavra sobre o perdão, me levou a perdoar de uma forma profunda e real a minha mãezinha.

Essa foi minha primeira libertação, uma cura que me curou também fisicamente de enxaqueca e do problema urinário noturno (lembra?).

O perdão é libertador. "Perdoar é deixar o outro nascer de novo na história da sua vida" (autor desconhecido). E eu precisava me reconectar com minha mãezinha. O meu coração precisava ter paz, e um dos caminhos para receber essa paz era liberar o perdão. Se você se encontra nesse lugar de mágoa ou de ofensa, receba a graça para sair desse lugar e liberar os outros e até você mesma!

Esse texto de Mateus 11:26 foi curador para mim: "Entretanto, se não perdoares, nosso Pai que estás nos céus também não vos perdoará os vossos pecados". Deus já estava me levantando como uma mulher-chave que destrava destino, através do perdão. Aleluia!

Aos 16 anos de idade, começa um novo processo de cura, Deus agora estava me conectando com meu chamado: inspirar mulheres! Curar mulheres! Quem, eu? Sim! Por quê? Nem olhos viram, nem ouvidos ouviram, nem jamais penetrou em coração humano o que Deus tem preparado para aqueles que o amam (1 Coríntios 2:9).

Inicio então no curso de obreiros local e começo a vencer a timidez e o complexo de inferioridade. Quando ouvi a voz forte do Senhor no meu espírito, chamando-me para o ministério da Palavra, ensinar, pregar e, na unção do seu amor, anunciar a Salvação, essa voz me deu convicção da minha nova identidade em Cristo e do meu chamado ministerial e até hoje ressoa em meu coração o texto de João 15:16: "Não fostes vós que me escolhestes, mas eu vos escolhi a vós e vos nomeei, para que vades e deis fruto e o vosso fruto permaneça". Foi movida por essa certeza que disse sim a esse Deus tão maravilhoso. Eu não tinha nenhuma chance, mas o Senhor, pela Sua misericórdia e graça, me escolheu e tem me capacitado a cada dia, operando um grande mover através da minha vida. E nesse mesmo ministério da Igreja do Evangelho Quadrangular eu permaneço e tenho oportunidades de estar cumprindo o "ide" de Jesus, com ousadia, fé e alegria, até os dias atuais.

Jesus Cristo é o mesmo ontem, hoje e será o mesmo eternamente (Hebreus 13:8). Se Ele fez essa obra na minha vida, fará também na sua!

Ah, querida! Sobre a minha vida havia uma sentença: "Sua mãe não se casou, consequentemente, você também não vai casar!". A voz da maldição assim dizia. Mas o Senhor que nos criou para Sua glória já havia estabelecido essa vitória para minha vida!

Em 1988, tive a alegria de me casar, rompendo, assim, a maldição das mulheres da minha família. E tantas outras maldições estavam sobre minha vida, e Deus as foi cancelando. Tudo isso para que se cumprisse em minha vida. Isaías 41:20: "Para que todos saibam, e considerem, e juntamente entendam que a mão do Senhor fez isso, e o Santo de Israel o criou".

E eu afirmo, Deus não tem filhos prediletos, Ele tem promessas lindas para você também. Você não está lendo este livro por acaso, Deus te conectou com a minha história para gerar fé no seu espírito e você voltar a crer e realizar os sonhos que Deus tem para você, em Cristo Jesus.

Eu e meu esposo exercemos nosso chamado no Ministério, na pregação e no ensino da Palavra, e estamos sempre nos desafiando a abrir mão de nossas próprias vontades e dores e prosseguir sem olhar para trás, convictos de que aquEle que nos chamou nos capacita a cada dia.

Descobrir minha verdadeira identidade de filha amada, do Deus que me amou primeiro, fez toda a diferença. A cada dia estou mais apaixonada por Jesus, e viver esse tempo de novas conexões, destravando destinos de outras, só me faz crer e afirmar: "A graça que abraça está disponível a todos!". Eu disse todos, e isso inclui você!

E talvez você se pergunte: Como uma mudança radical assim é possível? Eu te respondo com Lucas 1:37: "Não há impossíveis para Deus" e Isaías 43:13: "Agindo Deus, quem impedirá?", e Ele, com toda certeza, está pronto para agir na sua vida e, apesar da sua história, o céu tem um propósito a seu respeito. Viva ele, tomando hoje a atitude de se levantar e se posicionar na verdade de Cristo sobre você. Permita-se ser curada de traumas, dores, complexos. Foi isso que Ele fez em mim, e é essa vida que derramo hoje em outras.

Tem uma história bíblica que muito ministra em meu espírito, a história de Jabez (1ª Crônicas 4:9-10). Jabez nasceu debaixo de uma maldição, de um decreto de impossibilidade, limitação e vergonha. Parece com sua história? Não sei. Mas parece com a minha. E ele experimentou um milagre transformador quando decidiu fazer uma oração e viver uma vida extraordinária.

Olhe o que Ele fez por mim! De alguém sem chance nenhuma, me escolheu como coautora deste livro, para te contar o poder da graça que abraça o *inabraçável*!

Te convido a orar comigo:

"Pai, eu sei que o Senhor me ama e em Cristo Jesus me escolheu por filha amada. Eu quero viver o extraordinário que o Senhor tem para mim. Eu vou me levantar e, no poder da graça, estou indo ao encontro de novos níveis em todas as áreas da minha vida! Amém."

“A mulher que se conecta com seu propósito e alcança novos níveis é aquela que descobre sua real identidade em Deus: filha amada!”

Pra. Eliana Carneiro

Érika Teixeira

Casada com Tiago Alberto, um alicerce sólido em minha jornada, enquanto meus pais, pastores, familiares e amigos, com suas orações, fornecem uma plataforma segura para o chamado de Deus em minha vida.

Como psicóloga, oriento mulheres envolvidas em relações tóxicas, um cenário no qual já estive, reforçando a importância de abordar a aceitação, o valor e o respeito próprio, usando a autorresponsabilidade na tomada de decisões. Sou também escritora, palestrante e, sobretudo, filha de um Deus amoroso que me libertou de prisões invisíveis, transformando minhas dores em testemunho de um amor curador.

Com gratidão, inicio este novo capítulo, compartilhando parte da minha experiência, onde, por meio de uma mudança de mentalidade, rompi as amarras do passado, e hoje desfruto da plenitude de um amor tranquilo.

psicologa_erika.teixeira

+55 (61) 98300-0318

erikatdedeus@gmail.com

06 AS PRISÕES INVISÍVEIS DA ALMA

Por Érika Teixeira

Neste capítulo, convido você a explorar os corredores da minha vida, onde as correntes invisíveis da minha alma, desencadeadas também pelas consequências da separação dos meus pais, moldaram o curso da minha jornada. Esta narrativa configura uma exploração íntima de como as experiências da infância, como sutis amarras da alma, podem lançar sombras sobre nossas escolhas na vida adulta, muitas vezes de maneira inconsciente.

Embora as questões-chave que compartilho ao longo deste capítulo tenham raízes nas minhas reflexões durante o período em que meus pais se divorciaram, não estou aqui para discutir a relação deles ou qualquer posição específica. Meu objetivo é partilhar as valiosas lições que aprendi enquanto exploro as vivências que moldaram quem me tornei. Portanto, esta narrativa descreve minha busca por compreensão, cura e autorresponsabilidade, indo além dos detalhes do divórcio dos meus pais. É uma história que ilustra como Deus pode usar nossas experiências desafiadoras para nos remodelar, evidenciando que, embora algumas escolhas não se originem na gente, ao chegarem até nós, tornam-se nossa responsabilidade, independentemente de sua origem.

O cerne do problema residia na minha tentativa inconsciente de reproduzir a dinâmica familiar afetiva da minha família. Ao buscar recriar não apenas o modelo, mas a própria experiência afetiva vivida da minha família de origem, acabei me envolvendo em relacionamentos que refletiam padrões prejudiciais.

Essa repetição de escolhas inadequadas teceu um cenário de sofrimento e confusão, sobretudo ao compartilhar minha vida com parceiros cujas atitudes se mostraram tóxicas, impactando negativamente o relacionamento. Essas dinâmicas nocivas se entrelaçaram, gerando não apenas desafios emocionais, mas também afetando a qualidade e a harmonia dos vínculos que buscava construir.

As consequências das minhas escolhas equivocadas transcenderam o superficial, mergulhando nas profundezas da minha busca incessante por uma família idealizada. Inconscientemente, eu nutria um desejo avassalador de casamento, filhos e uma família, tornando isso a minha prioridade suprema.

Na ânsia desse anseio, aceitei pessoas e comportamentos que não ressoavam com minha essência nem promoviam um relacionamento saudável. Ao invés de me libertar prontamente dessas relações, nutria a ilusão de que poderia moldar o outro, conduzindo-nos a um casamento, à paternidade e, assim, seríamos a família que, desde os tempos de meus pais, ansiava ter.

Em essência, procurava alguém capaz de dar vida às narrativas que, inconscientemente, construí ao longo do tempo, nutridas por minhas próprias expectativas. Compartilharei algumas das experiências vividas, enfatizando como essas expectativas podem nos envolver em cadeias invisíveis da alma, levando-nos a enxergar o amor mesmo nos menores sinais de afeto.

A minha história começa em um cenário onde, em certo final de semana, fui passar férias na casa da minha madrinha e, para minha surpresa, não retornei mais à casa de meus pais. Fui matriculada em uma nova escola, ganhei um novo quarto e uma nova casa. Essa mudança transformou o que parecia tranquilo em um turbilhão de acontecimentos que eu precisava processar, e ainda que houvesse uma explicação, certamente, não compreenderia a amplitude da situação, tendo em vista que eu era muito pequena para entender e administrar os meus conflitos internos.

Apesar das tensões e desentendimentos entre meus pais, havia amor em minha família, pelos meus irmãos, e essa mudança abrupta se tornou um desafio. Aos 10 anos, eu não conseguia compreender totalmente o que estava acontecendo, e minha natureza silenciosa me fazia sofrer em silêncio. A transição de uma vida estável, onde as raízes do afeto e carinho com minha família eram profundas, para uma terra estranha, onde as regras, os modos de ver e funcionar eram completamente diferentes, mesmo que viessem de alguém que me amava e certamente faria o melhor por mim, foi uma experiência desafiadora que moldou minhas escolhas e expectativas de vida.

Essas expectativas foram alimentadas desde o meu primeiro relacionamento, quando, aos 19 anos, vivenciamos um amor apaixonante que se estendeu por 5 anos de compromisso e noivado. O término desse relacionamento se tornou um ponto de virada que intensificou ainda mais minha busca, pois acreditava que a resposta estaria nele. Após esse término, a vida se tornou desafiadora. Eu acreditava ter encontrado o amor da minha vida e, até então, não entendia ao certo a razão do rompimento. Agora, além de seguir tentando replicar a dinâmica familiar afetiva da minha família de origem, eu continuava também tentando reviver o sentimento e a experiência desse primeiro amor, que foram tão significativos.

Aos 28 anos, conheci outro rapaz que já me "namorava" há algum tempo. Apesar de inicialmente não sentir grande atração, após uma conversa no Orkut, me simpatizei. Assumimos um compromisso, noivamos com 3 meses de relacionamento e casamos com apenas 5 meses. No entanto, aos 8 meses, nos separamos de corpos, eu já em um princípio de depressão, vivendo uma vida repleta de discussões e aparências. Após 11 meses, viajei e nunca mais retornei a essa "desestrutura familiar".

A vida seguia seu curso, e quatro anos depois, conheci um rapaz que, a princípio, parecia destinado a apagar as sombras do meu passado. Contudo, esse não era o papel dele. Inicialmente, nossa relação parecia positiva, tornamo-nos apoio um para o outro, enfrentando desafios e dores ao longo dos cinco anos de relacionamento. No entanto, mais uma vez, a história não teve um desfecho feliz.

Às vésperas de completar 38 anos, um ano após minha segunda separação, vivenciei um período de intensa frustração. Nesse contexto, iniciei um afastamento gradual da igreja, criando uma caixinha de desculpas que distribuí aos poucos, me afastando, assim, dos propósitos de Deus. Três anos após o meu segundo divórcio, lá estava eu chorando novamente. Dessa vez, por uma relação construída sobre mentiras, com um homem mais velho que chegou com a proposta acolhedora de dar vida a todas as minhas urgências. Após construir mais algumas, descobri que ele tinha um relacionamento fora de Brasília, afundando-me na dor. Um ciclo ininterrupto de sofrimento e escolhas mal-elaboradas insistia em me assombrar. Por que, mais uma vez, o amor havia se transformado em desgosto?

Nesse instante, me entreguei à oração, desnudando minha alma diante de Deus. Indagava-me: Por que a felicidade escapa de mim? Por que essa tormenta persiste? Por que as relações que tocam minha alma são constantemente tingidas de sofrimento? Por que a busca incessante pela felicidade é sempre em vão? Por que minhas escolhas parecem destinadas a se enredar em fracassos? Qual a falha que insiste em habitar em mim?

Foi então, nesse momento de profunda introspecção, que ouvi a voz suave e firme do Espírito Santo ecoar: "Você mesma tece essas tramas. Por que aceita o que acredita não merecer? Por que delega aos outros a responsabilidade pela sua felicidade, ignorando que Eu sou a verdadeira fonte de alegria? Ações que somente você pode realizar aguardam por uma atitude sua. Compreenda que em Mim reside a genuína alegria". Filipenses 4:4 (NVI) destaca: "Alegrem-se sempre no Senhor. Novamente direi: alegrem-se!" Isso reforça que a verdadeira alegria é encontrada na relação com o Senhor. Movida por essas palavras, embarquei com determinação em uma jornada de 21 dias de jejum e oração.

Ao longo desse período, Deus trouxe à tona flashes da minha infância, que emergiram em meio à oração. Fragmentos de memórias há muito esquecidas ressurgiram como peças valiosas de um quebra-cabeça, começando a se encaixar de maneira reveladora. Esses dias de oração foram momentos cruciais onde pude ter a compreensão das raízes profundas que controlavam minhas escolhas amorosas.

Revelações que despertaram um profundo senso de autorresponsabilidade, com duas poderosas chaves bíblicas assumindo o papel de agentes transformadores. A primeira, Mateus 2:38-39, iluminou a compreensão de que, antes de amar o outro, é essencial amar a si mesmo. O próximo não está ali por acaso; é intencional, próximo, e não irmão, pois o primeiro vem antes do próximo, e não do irmão. Esse primeiro é você. Antes de agir pelo outro, é necessário agir por si mesmo. A segunda chave, Romanos 12:2, ressoa com impacto: "Transformai-vos pela renovação das vossas mentes para que viva a boa, perfeita e agradável vontade do Senhor". Essa chave é o impulso que redefine, através da renovação da mente, a busca pela plenitude na vontade de Deus.

Ao findar a campanha, minha perspectiva mudou completamente. As experiências reveladoras e transformadoras guiadas pelo Espírito Santo abriram portas para uma nova mentalidade. Minhas raízes, meu propósito e minha responsabilidade na jornada da vida tornaram-se claros. A paz de Deus, mencionada em Filipenses 4:7, guardou meu coração e minha mente.

Em maio de 2020, concluí essa jornada transformadora. Em novembro do mesmo ano, Deus trouxe Tiago Alberto ao meu caminho como resposta de oração. Em apenas dois meses, estávamos casados, e para a honra e glória do Senhor, celebraremos três anos de casamento em março de 2024. Detalhes mais profundos dessa jornada estarão registrados no meu próximo livro.

Nesse contexto, convido-a a uma reflexão profunda sobre sua própria jornada. Quais experiências específicas moldaram a pessoa que você é hoje? Já parou para pensar como as vivências da sua infância podem estar influenciando suas escolhas e relacionamentos atuais? Suas crenças e comportamentos têm raízes em situações do passado? Quais traumas ou desafios infantis ainda podem ressoar em sua existência? Essas reflexões poderosas têm o poder de orientá-la na trilha de uma vida mais autêntica e consciente, libertando-a das amarras invisíveis do passado e capacitando-a a forjar seu próprio futuro. Inspire-se: esta jornada é, acima de tudo, sobre você!

“Seja a chave que concede liberdade às prisões invisíveis da sua alma. Torne-se a razão que impulsiona a sua jornada. A vida é tudo sobre você!”

Érika Teixeira

Giselle de Melo Castegnaro

Me chamo Giselle, tenho 41 anos. Nasci em Medianeira, no Paraná, e, atualmente, moro na Itália. Sou casada, meu esposo se chama Anderson Serrão Castegnaro. Temos dois filhos, Lucas de Melo Castegnaro, nosso primogênito, e Felipe de Melo Castegnaro, nosso caçula.

Trabalhei 19 anos na área comercial, mas, atualmente, não trabalho. Escolhi estar por um período cuidando dos meus filhos e investir um tempo para cuidar da minha família.

Aproveito para fazer trabalho social, onde posso exercer um pouco do que o Senhor tem feito na minha vida.

gicastegnaro_oficial

Giselle Castegnaro

07 SEJA A MUDANÇA QUE VOCÊ QUER VER

Por Giselle de Melo Castegnaro

Deus está esperando um posicionamento seu. Existem bagunças dentro de nós que se dão pelo contexto familiar em que crescemos, histórias da nossa infância e adolescência. Bom, assim aconteceu comigo. Sou a filha do meio de três irmãos. Meus pais sempre foram divertidos e se casaram cedo. Meu pai, aos poucos, se entregou para o alcoolismo e, sutilmente, a família foi se desestruturando e se tornando disfuncional. Tenho lembranças da minha mãe trocando chuveiro, lâmpadas, tomadas, entre funções como limpar a casa e cuidar dos filhos, cozinhar e ainda trabalhar fora. Não tinha nada que, de alguma maneira, ela não desse um jeito de fazer. Cresci vendo minha mãe se colocando onde fosse necessário para suprir o que, aos olhos dela, precisava ser suprido, e isso me fez crescer com uma mentalidade de funções trocadas, pois eu sempre achei que eu também deveria ser autosuficiente.

Quando conheci meu esposo, eu tinha 20 anos, e ele, 19, morávamos em Curitiba, e eu me apaixonei pela beleza dele. Nos conhecemos em setembro de 2002 e começamos a namorar. Em janeiro de 2004, fomos morar juntos e, em dezembro de 2009, nos casamos no papel. Em janeiro de 2010, nasceu nosso primeiro filho e, em dezembro de 2015, nosso caçula. Durante esses anos, em meio a cumplicidades também tiveram lutas, brigas em que eu não entendia o porquê do nosso comportamento. Eu orava e pedia a Deus para que meu marido mudasse, que ele fosse diferente, pois não gostava quando ele bebia, talvez porque isso me trazia lembranças do relacionamento dos meus pais, até que um dia eu resolvi mudar e tratá-lo de um modo diferente.

Ali eu vi que a mudança precisava vir de mim, olhar o comportamento do meu esposo, na verdade, denunciava algo dentro de mim, e eu não queria era olhar para as minhas fraquezas. Descobri que o governo da casa não poderia estar na minha mão, apenas auxiliar aquele que o Senhor colocou ao meu lado. Lembro de sempre ter uma conexão com Deus e, em minhas orações e propósitos que eu fazia com Ele, mesmo sem entendimento, meu Pai Celestial me atendia, Ele conhecia o meu coração e sempre se fazia presente na minha vida, mas a mudança que precisava ocorrer tinha que vir a partir de mim.

Quanto a tudo que meus pais viveram e a nossa criação, eu não os culpo, pois, apenas não conheciam a verdade, e a falta dela cega o nosso entendimento sobre a realidade e as circunstâncias da nossa vida. Por muito tempo, quis ser e fazer o que queria e achava correto aos meus olhos, e seguia o meu coração, e quantas vezes eu caí nesse erro de seguir o meu coração enganoso, e com cada erro vieram consequências sobre a minha vida. As dores que vinham só aumentavam o vazio que havia dentro de mim, que só poderia ser preenchido pelo Senhor. Cada consequência deveria me levar para o colo de Deus e buscar nEle o meu socorro, mas, como eu não fazia isso, só me desanimava e enfraquecia e me levava a querer desistir de tudo, inclusive do meu casamento.

Em 2020, eu estava depressiva, desanimada comigo, com a minha vida, e o Senhor me resgatou através de uma postagem em uma rede social, um projeto de leitura da Bíblia em 100 dias, com o auxílio de um pastor com a base bíblica. Aquela postagem saltou aos meus olhos. Era pra mim um convite do próprio Jesus a estar com Ele e conhecê-lo. Nesse momento, virou uma chave na minha vida, e foi assim que conheci Deus Pai e Nosso Senhor Jesus e o Espírito Santo de uma maneira que eu não conhecia, ativando em mim fome e sede pela palavra de Deus, de conhecer a verdade, o caminho certo, o amor verdadeiro. Eu queria saber que amor era esse, que ganhou o meu coração e me fez entender que era na minha fraqueza que Ele me fazia forte.

Meu esposo também nasceu em um lar disfuncional. E as experiências religiosas envolvendo religiosidade, julgamentos e mentiras havia nos afastado da igreja. O não conhecer a Jesus de forma verdadeira e genuína nos fez olhar para homens.

Conhecer Deus por revelação dEle a ti, e não pelo que te apresentam, vai transformar a sua vida. Foi através desse projeto de ler e buscar na palavra de Deus as respostas que a minha vida começou a ser transformada. Como o Senhor estava presente naquele mover, alegrando o meu coração a ser motivada a fazer aquela leitura das escrituras, eu chamei meu esposo na época para fazermos juntos a leitura, mas ele disse que não faria. Eu fiquei triste, porque, pra mim, aquela oportunidade era única e eu não poderia perdê-la, então resolvi fazer sozinha. No começo, sentia muito sono, eram 14 capítulos por dia, e eu ainda trabalhava fora, tinha a casa e os filhos para cuidar, mas eu não podia perder aquela oportunidade, pois o pastor deixava a live por 24 horas para acessar, na intenção de não desistirmos de ler e assisti-la.

Foram dias difíceis e de luta, entre a carne e o espírito. Inclusive, depois, meu esposo me contou que sentiu vontade de pedir para eu parar com aquele estudo, mas, pela graça e misericórdia de Deus, Ele não permitiu que o meu esposo me impedisse, e ali ele teve sua primeira experiência de ouvir uma voz audível lhe dizer: "Não a impeça de Me buscar".

Cada um tem as suas lutas, as suas dores, mas em cada uma o Senhor está contigo e te protege, ainda que você não veja e não sinta devido às circunstâncias. Logo após eu começar esse propósito de leitura, veio a pandemia da covid-19, e, com isso, as escolas fecharam e me vi em situações que me provaram. Foram tempos que o Senhor nos tratou nesse lugar de confinamento. Sei que para muitas famílias foi um tempo marcado por separação e sofrimento, creio que foi um tempo de ver como estavam os lares e de como a maldade estava dentro da própria casa. Mas, no meu lar, foi um tempo de restauração da presença de Deus, e a busca de conhecer a verdade nos fortaleceu. Foi o começo de uma nova fase na minha vida e no meu casamento. Quando cheguei no Novo Testamento, chamei meu esposo novamente para lermos juntos e ele topou na hora! Ali o Senhor nos envolveu em um tempo de busca que envolvia o nosso chamado e nem sabíamos. Meu marido ficou empolgado com a leitura e o estudo e começou a lembrar de palavras de quando ele era criança, de que ele levaria a Palavra do Senhor para as nações. Foi aí que comecei a entender a vontade que tinha desde a adolescência de visitar outros países e desde que nós começamos a namorar fazíamos planos de morar fora do Brasil. Muitas coisas começaram a se encaixar nos nossos planos com os planos do Senhor. Nós já tínhamos conseguido, em 2018, documentos para irmos embora para a Europa para reconhecermos a cidadania italiana, e o Senhor apressou o nosso envolvimento com o real propósito da nossa vinda para a Europa, pois o nosso plano era de vir em busca de uma vida melhor, porém o plano do Senhor era de nos trazer com os propósitos dEle para outras nações. E assim começamos a trilhar o caminho inverso da quarta geração do bisavô do meu marido, que havia saído da Itália para o Brasil em busca de uma vida melhor.

Chegamos na Itália em maio de 2022 e tem sido o começo de um propósito onde feridas precisaram ser e têm sido tratadas. Traumas do passado aparecem com a luz da palavra e geram dores, desconfortos, mas não são para a morte, e sim para nos trazer cura, vida e transformação. O Senhor tem revirado a terra do nosso coração, e isso tudo é para gerar uma mudança no nosso pensamento e no nosso comportamento. Deus é um bom Pai e cuida dos Seus filhos com amor, moldando o nosso caráter com o do nosso irmão mais velho, Jesus. Tem sido dias de muito confronto estar aqui nessa terra, mas, para o cumprimento das palavras do Senhor, é necessário que nosso comportamento esteja alinhado com o que o Senhor espera de nós, portanto, seja a mudança que você quer ver. Precisamos viver o Evangelho, Deus está ansioso para curar aquilo que te machuca, Deus quer lapidar e aperfeiçoar os seus talentos, mas é necessário entregar-se ao Pai, de coração. Ele vai cuidar de você, Jesus já levou para si os nossos pecados, nossas iniquidades e as nossas enfermidades, então, aproprie-se dessa verdade e entregue-se para viver a história que o Senhor escreveu para você. Aprendi que, mesmo andando para o lado contrário, Deus tem sempre uma estratégia de nos fazer voltar ao caminho, mas é preciso querer andar por ele, e todo vazio que havia dentro de mim e que me fizeram buscar preenchimento em coisas ou pessoas, descobri que esse vazio era justamente do tamanho do amor de Deus. É Ele quem supre toda e qualquer carência que existe dentro de nós.

Hoje entendo que busquei muitas vezes o caminho errado porque havia em mim uma carência que ecoava um grito da ausência de paternidade. Meu pai faleceu em outubro de 2022 sem se libertar do vício do alcoolismo, mas sei que eu tenho Deus como Pai para me dar o direcionamento e amor de que preciso. Ao abrir o meu coração para ser tratada dessa ausência e ser preenchida pelo amor do Senhor, a minha vida tem sido transformada. Dia após dia, o Senhor tem trazido luz para a escuridão que há em mim, tudo que era vazio e sem forma tem ganhado formato e vida através do poder da verdade da Palavra. O ser esposa e mãe, o servir na igreja e a comunidade têm moldado o meu caráter ao de Cristo, têm sido lugar de ser tratada, curada, lapidada e transformada, é um processo que vamos passar por toda a vida, é um aperfeiçoamento que não tem fim. Ao longo de nossas vidas, vamos passar por fases e desafios que nos deixarão preparados para novas fases que virão, adquiriremos no Senhor maturidade para ajudar outras pessoas a vencer o que já vencemos. Você está aberta a essa transformação? Deixe o Pai te mostrar qual é a perfeita e agradável vontade de Deus para você. Basta você ser a mudança que você quer ver.

Oro ao Senhor nosso Deus e Pai para que o seu coração esteja aberto, quebrantado e entregue ao Senhor Jesus para receber a cura e viver a alegria que o Senhor tem para você de agora até a eternidade. Amém.

“Desde que abri meu coração para ser tratada dessa ausência e ser preenchida pelo amor do Senhor, minha vida tem sido transformada.”

Giselle de Melo Castegnaro

Gláucia Martins

Dedico esse livro ao Senhor Jesus, por ter me permitido vivenciar todas as experiências relatadas neste livro, e hoje posso declarar que sem Ele eu não teria chegado até aqui.

Meu nome é Gláucia Martins. Nasci na cidade de Niterói, no Rio de Janeiro, e sou filha dos meus avós maternos, Maria e Antônio, com quem vivi na cidade de João Pessoa, na Paraíba, dos meus 6 meses de vida até meus 16 anos.

Sou formada em Gestão Ambiental, empreendedora, proprietária da loja virtual Bella Anna Multimarcas e mãe de uma princesa linda, Ana Luiza. Serva do Todo-Poderoso e, atualmente, obreira na Advec Praça Seca.

glauciamartins9302

bellaannamultimarcas

+55 (21) 99280-8699

08 DEIXE SEU MILAGRE FALAR POR VOCÊ

Por Gláucia Martins

Infância

Rejeição, abandono e abuso

Nasci na cidade de Niterói, no Rio de Janeiro, mesmo após minha mãe tentar me abortar por quatro vezes, não conseguindo obter sucesso em nenhuma das tentativas, porque mesmo sem ela saber, Deus já havia me escolhido dentro do ventre e desde aquele momento Ele me protegeu e me guardou. Aos 6 meses de vida ela me deixou com meus avós maternos, Maria e Antônio, que cuidaram de mim e me educaram com amor e carinho.

Meus avós eram muito amorosos, por outro lado, meus tios faziam questão de repetir que eu era uma bastarda, uma rejeitada, além de me baterem escondido. Dos 7 aos 9 anos de idade, além de tudo que eles falavam e das surras que me davam, eu sofri outros abusos. Lembro-me de como um desses tios passava as mãos no meu corpo... Cheguei a contar para a minha mãe (avó), porém, pouco tempo depois, eu já estava nas mãos daqueles que deveriam ser meus protetores e tios de verdade. Eu não tinha a sensação de pertencimento na família, era como se meu lugar não fosse ali.

"Mas Deus me separou desde o ventre materno e me chamou por sua graça. Quando lhe agradou." (Gálatas 1:15 NVI)

Adolescência

Traumas, falta de identidade

Os abusos, mesmo após anos, me trouxeram traumas, virei uma adolescente tímida e medrosa, e qualquer toque ou abraço demorado já significava que eu poderia ser abusada novamente. Eu não confiava em ninguém; veja como isso te destrói por dentro. O que mais me doía era a falta de proteção, cuidado e amor, e sendo bem sincera, eu não me lembro de ter sido protegida, talvez toda aquela violência da infância tenha feito esse estrago, pois, até então, eu havia perdido totalmente minha identidade.

Cresci e vim morar com minha mãe biológica na cidade de Cabo Frio. Eu tinha 16 anos na época, e vim pelas promessas que ela fez de que eu teria uma vida confortável ao lado dela. Saí de uma vida calma e pacata numa cidade pequena para um verdadeiro inferno no Rio de Janeiro. A realidade que vivi foi totalmente diferente, ela tratava a mim e a minha irmã como empregadas dela, bebia muito e só nos dava o básico para comer em casa. Quando bebia, nos espancava como se fôssemos animais, não tenho palavras para descrever isso.

Os meses se passaram e eu não aguentava mais tanta humilhação. Foi então que, depois de uma surra em que ela deixou meu rosto deformado, fui convidada para morar na casa da minha amiga Elminha. Fui porque eu não aguentava mais. Aprendi a me virar sozinha e a ser grata a cada pessoa que me ajudou na minha trajetória de vida. Foi nesse momento difícil que conheci Jesus por intermédio da mãe dessa minha amiga, dona Ana Lúcia, a qual chamo de mãe do coração, e ela, de fato, cumpriu esse papel.

Como mãe, ela me incentivava a ser uma pessoa amorosa e temente a Deus. Ali, eu vi o que era ser família e como era ter uma família normal como todos deveriam ter. "Mas, Gláucia", você pode me perguntar: "Você não teve isso na infância, com seus avós?". Sim eu tive, mas eu era neta, e não filha, e meus tios me afirmavam o tempo todo que eu era bastarda e que ninguém me amava.

Amor, cuidado, proteção, bondade, provisão são fatores e sentimentos que fui ter somente quando verdadeiramente me entreguei e busquei pela presença de Deus em minha vida.

De uma coisa eu tenho convicção: se Deus não me escolhesse, ninguém mais me escolheria, e o cenário da minha vida mostra isso com muitos detalhes. Eu sou uma improvável, mas Deus me chama de filha.

"Bondade e misericórdia certamente me seguirão todos os dias da minha vida; e habitarei na Casa do Senhor para todo o sempre." (Salmos 23:6 ARA)

Maternidade

Mãe solo, responsabilidade

Com 22 anos, engravidei, e ali começava minha trajetória de vida: eu, Aninha e Deus. Sou grata a Deus pela minha gravidez porque ela foi um divisor de águas na minha vida. Algumas pessoas falavam: "Aborta, você é muito jovem, vai acabar com seu futuro", mas elas não imaginavam que minha filha já era o meu combustível diário, pois finalmente eu tinha alguém para amar e cuidar.

Na gestação, tive que tomar decisões importantes, como ser mãe solo, manter a gravidez e proteger minha menina. Tive muito medo dela passar fome, de ser abusada como eu fui, sim, por óbvio, era algo que me preocupava, por isso eu orava e pedia para Deus cuidar dela por mim quando eu estivesse distante, e assim Deus fez: enviou pessoas que foram verdadeiros anjos na minha vida, que cuidaram da Ana como neta enquanto eu, nesse período, trabalhava de domingo a domingo para pagar nossas contas e ainda estudava durante a noite. Sempre orava pedindo a Deus para ter mais tempo de qualidade com a minha princesa, porque eu só a via à noite, na hora de dormir.

Os anos se passaram e eu finalmente terminei minha tão sonhada faculdade, que era algo que meu coração desejava, já que sempre ouvi que eu não seria ninguém e que eu iria estudar depois de ser mãe. Falo isso porque eu nunca aceitei essas palavras e veja: Deus realiza sonhos, sim! Montei uma loja on-line, Deus me enviou clientes e comecei a fidelizar a clientela. Anos se passam e eu já estava vivendo coisas grandes, tinha dinheiro, conforto, mas me faltava algo que a correria do dia a dia não me deixava enxergar: era hora de me dedicar a minha filha e à obra de Deus.

Eis que um certo dia o Senhor falou comigo, num culto: "Filha, não te dei condições de fazer uma faculdade para você permanecer onde você está, vou fazer um rebuliço onde você está para provar que sou Deus na sua vida". Sei que Deus falou isso porque, doze anos antes, Ele havia aberto uma porta para mim que ninguém acreditava: um trabalho de carteira assinada, que me supriu até o dia que Deus disse que me levaria a coisas maiores, e tudo isso foi resposta das minhas orações.

E assim aconteceu: dois meses depois, no meio da pandemia de covid-19, Deus fez algo maravilhoso na minha vida. Fiquei em casa e vendi como nunca! Com a loja on-line, eu tinha tempo de jejuar, orar e cuidar da minha filha. Foi nesse período que eu mais vivi experiências com Deus, e eu já sentia a paz e via o cuidado dEle comigo. Havia fartura em tudo na minha vida, mas faltava alguma coisa, e foi então que veio o desejo de me santificar para viver o Extraordinário de Deus. Em três meses, Deus me honrou perante os homens. Ele tinha me dito que me levaria para outro nível, que não me queria mais no banco, como mera espectadora. E foi a partir da minha busca e obediência que o Senhor me levou para trabalhar no corpo de obreiros. Hoje, sirvo em outros departamentos; Deus cumpre tudo que promete.

Cheia de feridas, desprezada, mas Deus me escolheu para que o nome dEle seja glorificado através da minha vida.

Se Ele fez na minha vida, também pode fazer na sua.

Cartas para Deus

Sempre tive o hábito de escrever cartas para Deus. Em uma noite especial, após o culto, minha sogra, Silmaria (que já dorme no Senhor), me olhou e disse: "Filha, você vai escrever um livro". Em resposta, eu ri e falei que seria impossível. Mas ela continuou dizendo: "Continua escrevendo suas cartas para Deus". Fiquei em silêncio e, um tempo depois, comecei a orar e a agradecer a Deus por ter uma vida confortável e cheia da Sua bondade e misericórdia. Sim, eu já tenho muito a agradecer ao meu Pai Todo-Poderoso.

Perdão, a virada de chave

Lembro-me que, já adulta, eu estava em um congresso de jovens na igreja e o Espírito Santo me incomodou para entrar no meu Facebook. Como eu não tinha o hábito de usar o celular na igreja, fiquei relutante, mas, quando entrei, vi uma publicação da minha mãe, marcando meu perfil, em que ela dizia que eu falava do amor de Deus, ia à igreja, mas tinha vergonha da própria mãe por causa das vestes. Além disso, ela também relatava que não me queria quando engravidou de mim e que havia tentado me abortar por quatro vezes; que ela não me teve, e sim me evacuou. Foi algo difícil de ler, mas sempre soube que minha vergonha era das atitudes que ela tinha quando bebia, era como se ela se transformasse em uma outra pessoa nesses momentos.

Depois que li essa postagem, entrei em contato com minha irmã e soube que elas haviam brigado naquele dia. Eu apaguei a publicação e, por dias, fiquei sem comer, sofrendo, quase entrei em depressão. Não entendia por que as palavras dela ainda me feriam daquela forma mesmo depois de tantos anos. Fiquei em silêncio durante dois anos, depois veio o tratar de Deus na minha vida com o perdão.

Uma tarde aleatória, perguntei a Deus o que eu precisava fazer para ter mais comunhão com Ele, o que eu precisava perdoar, e na hora me vieram lembranças de alguns atos narcisistas da minha mãe, e foi quando o Senhor me falou "Perdoe sua mãe, seu pai e seus tios". Pensei: Como assim? Eu não vou conseguir. Mesmo assim, pedi a Deus que me ajudasse, e então Ele me disse: "Ligue para sua mãe". Mesmo sem entender muito como seria aquela conversa, segui as palavras do Senhor e assim o fiz. Desenvolvi um diálogo e consegui falar: "Me perdoe por tudo!". Para os meus tios, escrevi um texto, e posso dizer que, depois disso tudo, houve uma virada de chave na minha vida.

Você já perguntou para Deus o que te impede de ter mais comunhão com Ele? Eu sempre faço isso quando preciso de resposta, e o Espírito Santo sempre responde!

A sua dor vai virar testemunho

Aos 22 anos, grávida e abandonada por todos, em meio a lágrimas, vergonha e dor, tive que ser forte e assumir a criação da minha filha, sozinha.

Aos 25 anos, comecei meu curso técnico em Segurança do Trabalho; aos 28, a faculdade de Gestão Ambiental.

Com 27 anos, montei minha loja on-line; e, aos 35, finalmente deixei de ser trabalhadora formal. Foram anos de lágrimas e, muitas vezes, era somente eu e Deus.

Ao longo da vida, Deus vai te enviar amigos que serão mais do que irmãos. Serão intercessores, mães que vão te ajudar a caminhar para que você chegue no propósito que Deus estabeleceu para você. Deus tem lugar de honra na sua vida, e hoje vivo algumas das promessas de Deus para mim, e sei que vou viver o Extraordinário de Deus.

O que Deus está fazendo, em breve se tornará visível para todos. Foi exatamente isso que o Senhor fez comigo, me tirou da lama, da vergonha e me colocou sobre uma rocha e tem cuidado de mim.

Ninguém chega sem propósito. Alinhe seu coração ao de Deus e esteja disposto não só a ouvir, mas a se mover mediante das instruções dEle.

Ele se responsabiliza por suas promessas.

Ele realiza sonhos, então, ouça e se mova.

“Continue olhando para Jesus, independentemente do cenário a sua volta.”

Gláucia Martins

Greta Nahary

Sou Greta Nahary, nasci a 21 de Janeiro e sou natural de Lisboa, onde vivo atualmente, casada com o Joaquim do Amaral e mãe do Ageu Pedro.

Sou licenciada em Gestão de Negócios pela University of Wales, Cursei canto e manutenção de voz na LMC (London Musical Centre). Sou cantora e compositora, pregadora do Evangelho, estudante do Seminário Teológico da Faculdade Vitória em Cristo, pertencente à Igreja da qual faço parte, ADVEC – Portugal, escritora e coautora do livro "Diamantes Lapidados por Deus".

Quando decidi entregar minha vida a Jesus, decidi viver na dependência dEle, emocional, física, espiritual, financeiramente e até os dias de hoje tenho conseguido cumprir com a ajuda do Espírito Santo. Orei a Deus em Jeremias 33:3 pedindo que me falasse acerca do propósito dEle para mim e, em meio a um sonho, Ele o fez em Jó 33:14.

greta_nahary

+244 923 723 229

Gretta Nahary

gretanahary88@gmail.com

09 ACREDITE NO QUE DEUS LHE FALA

Por Greta Nahary

Seja por sonhos, visões (Jó 33:14) ou por profecias (1º Tessalonicenses 5:20) dadas por intermédio de grandes e verdadeiros Homens de Deus, acredite no que Deus lhe fala. Desde muito menina, sempre tive o sonho de ser uma cantora reconhecida a nível Internacional e o desejo ardente de dividir os palcos com cantores de renome do mundo secular. Era tão grande, que eu imitava tudo que eles faziam, o jeito de vestir, falar, cantar, não tinha uma identidade verdadeira e firmada em Cristo, era imitadora do mundo e queria tudo que o mundo oferecia deliberadamente, sem saber o preço que me custaria mais tarde (a minha salvação).

Com 9 anos, o meu primeiro professor de música descobriu a potencialidade da minha voz e disse que via em mim uma grande cantora. Fiquei feliz, pois era o que eu desejava. Sempre cantava (ensaiava) com o intuito de chegar até onde ele dizia que eu poderia estar. A minha grande paixão era soltar a voz que Deus me deu nos palcos de Hollywood, dançando promiscuamente, vendendo de graça o meu corpo em troca de fama e ser uma pedra de tropeço para todos aqueles que me vissem. Hoje, estando em Cristo e sendo Nova Criatura (2 Coríntios 5:17), o que mais quero é pisar nos "palcos" da Nova Jerusalém, cantar e adorar a Deus, enquanto estou aqui na Terra, exaltá-lo em cada espaço geográfico que eu for, mostrando que Deus é Poderoso para moldar o nosso carácter, exercitando da forma mais prazerosa, para consequentemente estar pelas ruas de ouro, que nos esperam, quando Cristo vier buscar a sua noiva. Deus foi me moldando como um verdadeiro oleiro, e em cada amassar que me fizesse, apagava o meu eu e em mim Ele crescia, permitindo que me tornasse cada vez mais parecida com Ele, de forma a abrir os olhos de mais pessoas a serem imitadores de Cristo, a termos uma identidade formada em Cristo sob formas de podermos ouvir o que está escrito em Mateus 25:21: "Muito bem, serva boa e fiel! Venha e participe da alegria do seu senhor!".

Não é fácil vivenciarmos a vontade de Deus nas nossas vidas, mas não é impossível tendo conosco o especialista das impossibilidades na linha de frente (Lucas 1:37). Várias foram as lágrimas derramadas nos quartos de oração, nas igrejas, nos montes, sentimentos de angústia e dor ao ter que enfrentar o meu espiritual a rebater o meu físico, o meu espiritual cheio de Deus e vazio de mim mesma (pronto para executar a vontade de Deus) contra o meu físico que lutava, e luta até hoje, contra todas as acusações de Satanás na minha mente, gritando silenciosamente que eu não sei cantar, que sou desafinada, com uma voz que nunca será aceita por Deus e que nunca chegaria a lado algum. Satanás quis contrariar o que está escrito em Salmos 150, mas Deus foi mais forte em mim. Aleluia! Em 2013, entrei para um Ministério Evangélico, onde aceitei Jesus como Senhor e Salvador, já havia o Ministério de Louvor formado, mas, num belo dia, eu cheguei mais cedo à igreja e fui impelida pelo Espírito Santo a pegar o microfone e cantar o louvor "Pai, Eu Confiarei". Enfrentei as vozes do inimigo e cantei. Havia cerca de seis pessoas dentro da Igreja, todas elas nos seus afazeres, e o pastor e a sua esposa levantaram-se com um sorriso nos lábios após me ouvir louvar e logo disse-me o pastor: "Por que te escondes nos bancos da igreja? Hoje mesmo vais começar a louvar com os ministros de louvor". O meu susto foi tão grande que as dores de barriga invadiram o meu corpo, nem bem tinha comemorado uma pequena vitória que vinha da parte de Deus, que o inimigo logo se levantou, dizendo que eu não iria conseguir continuar, mas o Espírito Santo falou comigo (Isaías 41:10): "não temas, eu estou contigo", e lá fui naquele primeiro dia, ministrei e louvei pela primeira vez sendo a voz principal. Confesso que fazer a vontade de Deus soube-me muito bem.

Comecei então a caminhada ministerial e começaram as comparações comigo mesma. Era um ambiente novo, diferente do que estava habituada, era uma jovem de 25 anos recém-convertida e "eu" não me permitia, naquela altura, ser aquilo que Deus queria que eu fosse e para o qual Ele me havia chamado. Eu sempre me comparava de uma forma pejorativa com outros cantores que cantavam melhor do que eu ou que atingiam notas mais altas (sempre vão existir pessoas melhores que nós em alguma área da nossa vida e é supernormal e natural que assim aconteça), mas o Espírito Santo sempre me rebatia dizendo que eu não estava numa competição desenfreada contra os outros e que Deus não estava nem está à procura de quem é o melhor ou o maior, estão todos na mesma caminhada e com o mesmo objetivo (Marcos 16:15): anunciar o evangelho para que mais pessoas possam ser salvas, haja vista que somos todos (os filhos de Deus que o aceitaram como Senhor e Salvador – Mateus 10:32-33) parte do Corpo de Cristo, com talentos diferentes, missões diferentes e, naturalmente, propósitos diferentes, ou seja, como diz a minha pastora Monalisa Vieira: "Cada um faz o seu trabalho para alcançar o mesmo resultado!".

Compreendi, após vários anos de caminhada, que o nosso chamado não é sobre nós, sobre sermos famosos (como nos palcos de Hollywood), sobre termos dinheiro, e sim sobretudo sobre quem nos chama! E é Deus que nos chama, o nosso propósito deve ser totalmente Cristocêntrico, sendo Ele o alvo a alcançar. Comecei a orar e a fazer propósitos de jejum e oração para que pudesse conhecer a essência de Jesus, para poder compor louvores sobre a essência dEle. Pedi em oração que me conectasse aos meus ajudantes de Destino, que me conectasse com pessoas que tivessem um propósito parecido ao meu de modo que me levassem ao cumprimento do que foi traçado por Deus para mim. Fui suplicando estratégias, para que pudesse andar com os mais experientes, com os mais sábios e cumprir o que a Bíblia fala em Provérbios 13:20 (o que anda com os sábios ficará sábio, mas o companheiro dos tolos será destruído) e Deus foi me revelando em sonhos, novas estratégias para estar no meio dos grandes, e com isso foram nascendo novas composições musicais, novas melodias.

Era um sufoco não poder partilhar com amigos, familiares, irmãos da igreja as novas composições que Deus me enviava através do Espírito Santo. Deus simplesmente havia permitido que partilhasse com as duas pessoas com quem mais orei nesse processo de busca por intimidade (Oséias 3:6), santidade (1 Epístola de Pedro 1:15), crescimento espiritual (2 Epístola de Pedro 3:8) e neste processo de entendimento sobre o meu chamado. O mesmo Deus que me calava para não interromper as bênçãos que viriam dEle mesmo era o mesmo Deus que me entregava as bênçãos, consoante a minha entrega a Ele. Quanto mais o buscasse, orasse e jejuasse, mais Ele me revelava em sonhos melodias cheias de Palavra Bíblica. Precisava ter mais fé naquilo que Deus havia confiado em mim. Para mim, já estava mais do que bom louvar na igreja, mas, para Deus, não, precisava, de alguma forma, louvar em outros espaços, tanto no digital como no físico. O sentimento de impotência nascia depois de cada revelação, e eu precisava romper todo o obstáculo, eu mesma precisava me esforçar (Josué 1:9) e sair da minha zona de conforto.

Das estratégias traçadas, algumas eram de frequentar espaços em que se ouvia levitas a cantar, para visualizar parte daquilo que Deus me havia revelado e também para que perdesse o medo e o receio de enfrentar o novo nível que havia chegado. Comecei a mexer com as redes sociais e oportunidades foram surgindo para ministrar, fui cumprindo cada etapa de forma a crescer gradativamente, conforme ia estando presente nesses locais autorizados por Deus e os convites iam surgindo, até que Ele mesmo, através do Espírito Santo, diz: chegou o momento de tirar tudo que está escrito em papel e gravado nos telefones e passar para um trabalho de estúdio. Prostrei-me e fui pedindo mais experiências e manifestações em que tivesse a presença de Deus, e através de várias canções entoadas, Ele me permitiu ver o poder do louvor, onde pessoas foram curadas, prostraram--se a Deus, aumentaram a sua fé e se arrependeram. Dormir tarde e ouvir o silêncio da casa passou a ser um estilo de vida, troquei os aplicativos de filmes gratuitos pela constante leitura da Palavra de Deus para ouvir os segredos dEle em forma de melodia. No estúdio, gravei composições inspiradas em vários textos bíblicos, e uma das várias impactantes tem como base Salmos 18 e se chama "Senhor és Fiel". Te convido a ouvir e a orar sobre esta canção para que haja esperança na justiça de Deus sobre a tua e a minha vida.

Após lutas travadas e batalhas vencidas através de vários anos de jejum, oração, consagração e entrega a Deus, anos de renúncias mundanas e privações de desejos pessoais, consegui ter um resquício daquilo que Deus me prometeu. Todas as visões ultrapassaram aquilo que eu poderia ouvir ou imaginar. Ele me concedeu a Graça de poder entoar hinos de louvor que foram compostos inspirados nEle, em várias igrejas, eventos ministeriais presenciais e online, casamentos e aniversários. Concedeu-me a Graça de poder viajar para outros países para ministrar a Sua palavra e entoar cânticos a Ele. Glória a Deus, Aleluia! É muito bom poder experienciar com os olhos físicos e em público (Mateus 6:6) aquilo que foi buscado em oração, em vários anos de retiro, fechada, sem ninguém ver.

Quero poder viver na plenitude o propósito que Deus me conferiu e, através dos louvores e canções que me concedeu pela Sua Graça e Misericórdia, fazer com que mais homens e mulheres através deste livro sejam igualmente levados a atingir seus propósitos de vida, em nome de Jesus! Você também pode cumprir com o seu propósito, seja ele qual for, independentemente da sua idade. Casado, solteiro, viúvo, divorciado, jovem, adulto ou criança, tenha o foco em Jesus e tudo dará certo (Romanos 8:28), lembre-se de Jeremias (Jeremias 1:5-7) e também de Calebe (Josué 14:10-11), ambos chamados em diferentes etapas da vida e conseguiram cumprir com o propósito.

Vamos juntos?

"Há de chegar um tempo em que não haverá mais tempo para perdermos tempo."

Greta Nahary

Irani Gomes

Mãe, esposa, pastora, bispa, capelã, juíza de paz, psicoterapeuta clínica, presidente do Ministério Apostólico Rio de Águas Vivas, juntamente com meu esposo, o pastor Eric, e idealizadora do projeto Mulheres Impactadas pelo Poder da Cura.

bispairani-ofcial

rio.de.aguas.vivas.alagoinhas

mulheresimpactadaspelopoderdacura

+55 (75) 99984-2349

Bispa Irani OFC

Irani Gomes

irani218408@gmail.com

10 PERMITA-SE SER RECONSTRUÍDA EM DEUS

Por Irani Gomes

Uma mulher impactada pelo poder da cura destrava destinos alheios. Agradeço ao meu Jesus, que começou esta boa obra em minha vida, e sei que Ele é fiel para completá-la até o dia de Cristo Jesus (Filipenses 1:6).

Agradeço aos meus pais, Domingos e Inês (*in memoriam*); aos meus avós, Severino (*in memoriam*) e Ernestina; aos meus sogros, Gilberto (*in memoriam*); e aos apóstolos Eneilson Morgado e André Luís e à Jovelina, vocês foram canais de Deus em minha vida.

Gostaria de expressar minha gratidão ao meu marido Eric Gomes e aos meus filhos pelo apoio e formação desse projeto; a todas as mulheres do Ministério Apostólico Rio de Águas Vivas Impactadas pelo Poder da Cura, que oraram, incentivaram e apoiaram a realização deste sonho; às mulheres da minha família; às mulheres do projeto Conexão Destino; e às demais que estarão e serão tocadas por esta leitura, amo muito vocês.

De uma família disfuncional, nasci num ambiente idólatra. Meus pais não eram crentes e se separaram quando eu era pequena. Eu e meus irmãos passamos por muitas coisas. Fui vítima de abuso sexual, aborto, gravidez precoce, bulimia, síndrome do pânico. Mas mesmo muito sofrida e ferida, havia dentro de mim uma certeza: Deus vai mudar minha vida, e mudou! Conheci meu esposo, namoramos, noivamos e, dois meses depois de casados, eu aceitei Jesus. Não O conhecia de intimidade, mas naquele tempo já sabia que Ele era Santo e que eu não podia continuar da mesma forma.

Nesse período, a vaidade tomou conta de mim passei a mostrar meu corpo, ir à academia, usava salto alto, que hoje reflete em um diagnóstico de trombose que quase me fez perder minha perna, mas hoje sei que Deus me guardou de tudo, mudou as minhas vestes. Me lembro que certa vez uma missionária foi em minha casa e disse que eu tinha que mudar minhas vestes e começou uma batalha. Tive que enfrentar lutas, críticas, calúnias e a não aceitação por conta de alguns da minha família, mas a maior luta aconteceu dentro de mim. A Bíblia diz em Isaías 55 que os meus pensamentos não são os teus pensamentos, e os teus caminhos não são os meus caminhos. Deus tinha coisas maiores para minha vida, e tudo é difícil para um novo convertido.

Decidi não trabalhar mais e só me dedicar à igreja, e, de alguma forma, o Senhor me tranquilizou. Recebi algumas propostas de trabalho, e uma delas me afastaria dos meus afazeres ministeriais, então não aceitei, o que gerou uma revolta dentro de mim. Achei que servindo a Deus seria tudo fácil, meu esposo não era novo convertido, então para ele entender tudo era difícil. Eu tinha um corpo muito bonito, ia muito a festas e a outros lugares, e de repente passei a não ir. Momentos em que tínhamos desavenças, o inimigo dizia: "Vou acabar com seu casamento", mas o Espírito Santo dizia: "Eu estou cuidando sempre". A mulher sábia edifica sua casa, enquanto a tola destrói. Deus perguntava em meio às minhas orações: "Quer ser sábia ou tola?", enquanto meu esposo questionava minhas idas aos cultos. No fundo, ele não aceitava minha conversão, enquanto o Espírito Santo dizia: "Você precisa de uma mudança de dentro para fora", e assim fui mudando.

Lembro que um dia eu estava em um culto e Deus falou comigo pelo (*in memoriam*) bispo Rosivaldo. Aliás, Deus sempre usou pessoas enviadas por Ele para reafirmar as promessas e mostrar que eu estava no caminho certo. Esperar em Deus e obedecer sempre será o melhor, entender que o verdadeiro e genuíno vêm de Deus é o caminho para a libertação.

Se você depende do amor de alguém para se sentir amada você é escrava dessa pessoa, mas a boa notícia é que você tem o poder de se libertar, o caminho é único: cultivar o amor-próprio, ele é uma linguagem e vem acompanhado de muitas palavras e expressões, e os afetos e expressões alimentam a alma, por isso não tenha medo de palavras afetivas, é um mal social da atualidade não querer usar palavras de afeto porque são consideradas "ridículas" e, para alguns, expressam até mesmo fraqueza, mas, ao contrário, expressam força, porque essas palavras nos mantêm bem.

Relacionamentos saudáveis que se baseiam em respeito, confiança e comunicação aberta são essenciais para construir relações fortes e duradouras. Sou uma mulher curada, restaurada, fruto de um trabalho que foi iniciado há 13 anos, através da vida da bispa Lindanil (*in memoriam*). Ela foi um referencial de mulher restaurada em todas as áreas. Ao olhar para ela, encontrei as chaves da restauração em níveis profundos da minha alma, por isso agradeço cada palavra, atitude, desafios, metas e missões transmitidas a mim. Tudo isso serviu como chaves que abriram as portas da minha alma, e hoje posso dizer que sou fruto de homens e mulheres que se permitiram restaurar pelo Espírito Santo de Deus e que transmitiram essa unção a todos nós. Cheguei na igreja sem rumo ministerial, e ainda que soubesse que tinha um chamado pra mim, era impossível, mas, através do discipulado, investimentos e orações dos líderes e muita busca, fui gerada em fé e recebi um treinamento que me moldou para hoje ser líder de uma igreja com meu esposo, o pastor Eric, que está em pleno crescimento.

Obrigada, Senhor, por ter colocado o Teu servo em minha vida, que acreditou no Ministério que o Senhor me deu. Um dia, Deus olhou com misericórdia para mim, alguém sem esperança, frustrada, e deu nova oportunidade, me atraiu com laço de amor e me fez entender que seus sonhos e projetos não podem ser frustrados. Creio que a boa obra que Ele começou em mim se cumprirá porque Ele é fiel e é a esperança para aqueles que estão feridos.

Quando meu casamento estava totalmente arruinado, o Senhor restaurou meu lar e me fez acreditar que tinha jeito (Jó 14:9). O Senhor me deu sabedoria e colocou no meu coração que minha casa era o melhor lugar no mundo. Restaurou meu prazer de cuidar do meu lar, dos meus filhos e do meu marido como sendo dádivas de suas mãos, digo que minha vida passou por uma metamorfose, e devo tudo ao senhor, que por seu infinito amor colocou uma mulher sábia que não é só minha discipuladora, mas também considero minha mãe. Louvo a Deus por sua vida, minha bispa, e sei que muitas vidas serão restauradas.

Hoje vivo como quem sonha, o Senhor restaurou minha vida, o poder do Altíssimo me envolveu em todas as áreas, isso sim que é vida! Aprendi a viver o que o Senhor tem para mim, tenho um casamento restaurado. Antes, ser uma esposa submissa era um fardo pesado, mas hoje sei que família é projeto de Deus, Ele restaurou muitas áreas de minha vida e ainda está em restauração, grande é essa obra, e um dia eu disse sim para Jesus entrar em minha vida e Ele entrou e restaurou minha vida. Meu relacionamento conjugal era terrível, com sérios problemas e pecados. Morávamos de favor e não tínhamos perspectivas nem sonhos pessoais, estávamos limitados, buscando preparo acadêmico e profissional, e, antes da caminhada com Cristo, vivia escrava de dor, angústia, tristeza, entre outros problemas, mas, pela oração e cobertura espiritual, o Senhor nos arrancou das garras do maligno, levando ao matrimônio e nos dando uma linda filha, uma casa própria, discípulos maravilhosos e uma igreja para pastorear na cidade onde residimos, derramou sobre nós o óleo da unção sacerdotal e nos constituiu pastores.

Houve realmente uma restauração divina, e hoje quero ser instrumento para outras vidas e famílias. Nem todos me viam com bons olhos devido às atitudes e comportamentos que tive no passado, mas, no dia do meu matrimônio, Jesus deixou bem claro que queria entrar em minha vida e fazer de mim uma mulher honrada, uma princesa. Dois meses depois, abri meu coração para Ele entrar e permanecer, e assim meu amado Deus fez (1 Samuel 2:6-8).

Hoje, moro num palácio com meu príncipe Eric e meus filhos, Filipe e Ester. Tenho crescido a cada dia na fé, adoração, santidade e com muita alegria. Obrigada, família, por me motivar a fazer sempre o melhor para Deus. Por conta da fé católica, tinha uma resistência muito grande em relação aos evangélicos, sempre fui muito devota de imagens, o que Deus proíbe, mas, em fevereiro de 2011, tive um encontro com Deus. Meus olhos se abriram pela Palavra, e então minha vida financeira mudou. Vivi muitos milagres, em especial, uma dívida no banco que foi quitada sem que eu precisasse pagar (Salmo 126).

Pode ser a sua realidade agora: tudo um dia ter sido festa, e hoje ser luto e destruição, mas se o Senhor prometeu reconstruir a sua vida, tenha certeza de que Ele fará. Quando nos aproximamos de Deus sem orgulho, presunção, com o coração humilde, glorificando Seu nome em tudo que fazemos, recebemos condições para reconstruir a nossa história. O senhor é a fortaleza onde me abrigo, Ele é a pedra onde me apoio. Nada sou sem Ele, não vivo por sorte, vivo por fé, e quando os ventos mudam é a mão dEle trabalhando em silêncio, é o momento de se aquietar e deixar o vento colocar tudo no lugar. Um dia abri os olhos e vi a vitória que o Senhor desenhou para mim. Precisa de um favor de Deus? A condição para receber um favor é esperar nEle (Isaías 64:4). A sala de espera às vezes demora, mas não tem como mudar essa etapa. Lembre-se: o favor de Deus já está garantido (1 crônicas 28:20).

Somos, muitas vezes, surpreendidos com situações que nos afligem profundamente e acabam tirando nossa paz. Assim diz o Senhor: "Mesmo que não esteja vendo, comece a olhar com os olhos da fé e conseguirá ver Meu poder. Trabalho em silêncio e dou forma, vida aos meus milagres, tudo tem seu tempo e está chegando para você, creia que meu mover não cessa em seu viver". Esqueça o que passou e creia que Ele está fazendo; por que desistir se Deus disse que é contigo? (Isaías 41:10). O tempo não é seu inimigo, e sim seu aliado, então respira, acalma seu coração e confia totalmente em Deus.

No lugar secreto, escolher a melhor parte fará com que sua identidade seja restaurada. Seus pensamentos foram forçados; suas emoções, alinhadas; e seu propósito, revigorado (Lucas 10:42).

“Gerar um testemunho dói, tem propósito nesse processo. ”

Irani Gomes

Isabel Fernandes

Sou Isabel Fernandes, natural do Rio de Janeiro, esposa do Marcio, com quem sou casada há 22 anos, e mãe do Matheus (26 anos), Lucas (23 anos) e Esther (18 anos). Sogra da Samara (24 anos) e filha da dona Eliane e do seu Florisval, serva do Deus Todo Poderoso.

Sou maquiadora por profissão e atuo na área da beleza há mais de 15 anos. Hoje vejo o quanto minha profissão tem me ajudado a alcançar o propósito de Deus em minha vida.

Mas nem sempre foi dessa forma, foi preciso encarar o vale e aprender a ser totalmente dependente do Senhor para que as coisas tomassem seu rumo.

E é exatamente sobre isso que você vai ler neste capítulo, meu desejo através dessas linhas é que o Senhor alcance sua vida e faça maravilhas, assim como tem feito comigo.

eufernandesmakeup

isabelfernandes_oficial

+55 (21) 96411-2958

11

DEVOLVENDO O CONTROLE A QUEM É DE DIREITO

Por Isabel Fernandes

Cara amiga, o que você vai ler agora, provavelmente irá servir para edificar sua fé, e esse é, sem dúvida, meu maior pedido ao Pai.

Cresci em um lar atribulado onde a minha grande referência sempre foi minha mãe. Quando eu tinha apenas 1 ano de idade, ela se separou do meu pai e entrou em outro relacionamento que deu origem aos meus quatro irmãos, que eu amo muito. Minha adolescência foi bem complicada: sofri traumas e abusos físicos e psicológicos, e por conta disso passei a não ter muita esperança por casamento nem acreditar na instituição família.

É preciso que eu te conte o início da minha história para que você entenda como eu aprendi a devolver o controle da minha vida a quem ele realmente pertencia. Aos 15 anos, engravidei do meu primeiro filho e, aos 19, do segundo. Lá estava eu, uma jovem com dois filhos sem ajuda do pai, lutando para a sobrevivência deles.

Meu esposo entrou na minha vida em um momento muito sofrido, pois satanás brincava com meus sentimentos. Nós nos conhecemos e, um ano depois, já estávamos morando juntos. A partir daí, pude experimentar o que realmente era ter uma família.

Corria tudo bem até aí, porém, em 2004, após passar por um problema, resolvi entrar em uma igreja a convite de uma amiga, e nesse dia aceitei Jesus. O que eu não sabia é que o Senhor já havia preparado tudo e que, na verdade, Ele é quem estava me aceitando. Em 2005, nasceu a minha filha Esther, a qual eu vinha pedindo ao Senhor em oração.

Agora sim, tudo estava perfeito, eu tinha uma família linda, um casamento maravilhoso, Filhos lindos e educados e tudo estava "no controle ". E é aqui que tudo começa...

Quando Matheus completou 17 anos de idade, ele saiu de casa e começou a se envolver com drogas. Nesse momento, meu mundo simplesmente começou a desmoronar, pois parte do controle que eu achava que tinha havia acabado de sair das minhas mãos. Foi aí que comecei a lutar com todas as minhas forças (percebam que eu digo com as minhas forças, e não com as forças de Deus).

Permita-me te dizer que, quando você luta com a sua própria força, o máximo que consegue é um cansaço exaustivo, pois existem coisas que só Deus faz. Durante todo esse tempo, Deus deu vários livramentos à vida do meu filho, permitindo até que ele passasse pelo cárcere para que sua vida fosse poupada, e só quem já passou por essa situação sabe o quanto é difícil enfrentar olhares de julgamentos, palavras duras, pessoas que questionam onde está Deus que nos permitiu passar por isso, pessoas que questionam: "Mas, como pode?", "Não é filho de crente?", "A mãe está na igreja...". Enfim, essas e outras palavras eu ouvi e superei todas, porque o Senhor me fortaleceu.

Nesse momento, eu entendi que não tinha mais o controle, foi preciso chegar ao extremo para reconhecer que só Deus poderia fazer algo. No início, o que eu achava era que Deus trabalhando na vida do Matheus – não que Ele não estivesse –, quem estava sendo tratada de verdade era eu, afinal passar madrugadas em um local sujo, sem nenhuma condição de higiene, para pegar uma senha de visita, enfrentar a fila de Bangu, onde estavam pessoas de todos os lugares, debaixo de chuva e de sol, para depois entrar em um local onde nem no meu pior pesadelo eu havia imaginado estar para ver meu filho, a quem tinha criado com tanto amor e carinho, não era fácil, mas eu conseguia ver a mão do Senhor em todos os momentos que passei ali e, com certeza, posso afirmar que Deus estava me lapidando e fazendo de mim uma serva melhor, me fazendo entender que o controle não era meu.

O tempo passa e meu filho sai do cárcere, porém, 2 meses depois, aprouve Deus que eu passasse pelo pior dia da minha vida. Eu, que achava que já havia enfrentado o pior, mais uma vez me vi totalmente na dependência do Senhor, mas esse seria sem dúvida o dia em que eu realmente devolveria a Ele o controle de tudo.

Sem nenhuma razão aparente, meu filho tenta tirar a própria vida. Eu o levei ao hospital e foi necessário que ele passasse por uma cirurgia. Naquele momento, fiz a oração mais sincera de toda minha vida. No estacionamento do hospital, olhei para o céu e falei para Deus que, se realmente Ele tivesse um propósito na vida do Matheus, que Ele e o livrasse daquela situação, e eu gastaria todos os meus dias na presença dEle em fazer a vontade dEle.

Vocês podem imaginar qual foi o resultado dessa oração? Matheus saiu do hospital, para honra e glória do Senhor, e hoje posso dizer que o testemunho de vida do Matheus ainda está em construção e creio com todas as forças que será tema para um próximo livro, o qual Deus já tem colocado no meu coração.

Na minha mente, gastar os meus dias na presença do Senhor era somente ir à igreja, assistir aos cultos, ouvir a Palavra, obedecer, mas Deus, que tem um plano para cada um de nós, queria mais.

Em 2022, Deus me arrancou do lugar onde fui nascida e criada e me levou com a minha família para o lugar onde moro hoje, um lugar novo onde não conhecia ninguém. Seríamos somente Marcio, Esther e eu, porque, agora, Lucas já está casado e Matheus está vivendo a vida a qual ele escolheu.

Aqui se iniciava o momento de relacionamento e intimidade com Deus, um relacionamento o qual Ele já havia me chamado para viver há muitos anos, porém, por eu achar que tinha o controle, só me permitia viver esse relacionamento no raso.

Mesmo estando em um lugar distante, com uma vida estabilizada e totalmente nova, alguns problemas continuam, eles não se acabam, e é nesse momento que vamos viver as nossas maiores experiências com Deus. Permita-me abrir um parêntese para te dizer que as suas maiores lutas te levarão a se aproximar mais de Deus, pois não existe crescimento sem dor, a dor vai te amadurecer, então se eu puder te dar um conselho, escolha entregar o controle nas mãos do Senhor o mais rápido possível. Até porque, quanto mais rápido nós entendemos que, se Ele não estiver no controle, nada acontece, nada flui, nada anda, vamos estar sempre andando em círculos.

Nesses dois anos em que moro aqui, posso dizer que tenho vivido experiências sobrenaturais com Deus, tenho visto Seu cuidado através de livramentos que Ele tem dado a minha família. Eu aprendi a entregar ao Senhor e a verdadeiramente confiar, porque quando você não consegue resolver o problema e reconhece isso, é aí que Deus entra. Talvez seja preciso Deus te permitir passar no deserto para que algumas promessas se cumpram na sua vida. Quando Deus mandou Abraão despedir Agar e Ismael para o deserto, Ele já sabia que iria fazer dele uma grande nação, por isso, se Deus disser para você despedir o seu Ismael, obedeça. Se Agar não fosse posta para fora com Ismael, dele não teria surgido uma grande nação, pois ele sempre viveria à sombra de Issac, então não temas, se Deus mandou, faça como Abraão, obedeça.

Hoje, o que eu quero que você entenda é que esse deserto não é para te matar, ele é local de amadurecimento e de crescimento, e é provável que você se questione o porquê de tantas coisas acontecerem na sua vida, mas eu posso te dizer que Deus tem e sempre teve o controle de tudo. Por mais impossível que pareça sua situação, eu convido você a entregar nas mãos de Deus e simplesmente descansar, porque assim como Ele tem feito na minha vida, Ele vai fazer na sua.

Enquanto concluo este capítulo, posso testemunhar as maravilhas que Deus tem feito em minha vida. Iniciamos em minha igreja um projeto com mulheres o qual Deus fez nascer em meu coração, e minha amada igreja o abraçou! O "Mulheres Rompendo o Casulo" é um projeto que visa levantar outras mulheres, e eu creio que muito em breve ele sairá das quatro paredes para alcançar muitas outras vidas que estão necessitadas. Quero, aqui, externar minha gratidão aos meus pastores e líderes, por toda confiança depositada em mim, agradecer também as meninas que abraçaram essa causa comigo, pois sem vocês eu não conseguiria.

Hoje, eu posso dizer que realmente descobri qual o propósito de Deus para minha vida e para que Ele me permitiu passar por tantas coisas, pois, se não fosse assim, eu não poderia estar aqui participando desta obra e edificando vidas. Nunca foi sobre fazer maquiagem, e sim sobre ajudar mulheres com o talento que Deus colocou em minhas mãos.

E, sim, eu digo "para que Ele me permitiu", e não "o porquê Ele me permitiu", porque hoje eu sei que tudo acontece com um propósito, Deus não permite sofrimento sem propósito, e o propósito de Deus era que você estivesse aqui lendo estas linhas, tendo a sua esperança e a sua fé renovadas através deste testemunho.

A Palavra de Deus no livro 1 de Pedro (5: 6-7) nos diz: "Humilhai vos, pois debaixo da potente mão de Deus, para que, a seu tempo, vos exalte, lançando sobre ele toda a vossa ansiedade, porque ele tem cuidado de vós".

Isso quer dizer que nós não devemos nem precisamos ter o controle de todas as coisas, devemos lançar sobre o Senhor tudo aquilo que nos deixa angustiadas, que nos tira a paz e que de alguma forma nos causa desespero. Dessa forma, podemos viver o extraordinário de Deus. Eu convido você, hoje, a mergulhar de cabeça em um relacionamento íntimo e profundo com o senhor, o qual te trará muitos benefícios.

Não posso terminar sem antes deixar registrada aqui a minha gratidão a minha família, meu esposo, como já disse, por estar comigo nas horas mais difíceis que enfrentei, meu filho Lucas, por tantas vezes ter se deixado ser usado como profeta de Deus na minha vida, mesmo que com palavras duras, mas cheias de unção, minha filha Esther, por ser companheira e amiga de todas as horas, e minha mãe, por toda assistência prestada, enfim, a todos que estiveram e estão presentes em minha vida.

Espero que de alguma forma este testemunho tenha edificado a sua vida e que hoje você tenha renovado sua fé, a sua esperança e a sua força com a certeza de que aquEle que fez a promessa é fiel para cumpri-la.

Que Deus abençoe sua vida, sua casa e sua família e que, assim como eu, você se encoraje, se deixe ser usada na vida de outras pessoas e entenda que o raso não te serve mais!

Um forte abraço, que Deus te abençoe.

"As batalhas te levarão a um nível de relacionamento profundo com Deus e te farão entender que o raso não te serve mais."

Isabel Fernandes

Janaína Banderob Medeiros

Eu me chamo Janaína Banderob Medeiros, casada com Olaf Banderob Medeiros e mãe de três filhos benditos do Senhor Jesus: Jonas, Paulo e Felipe.

Em primeiro lugar, quero deixar aqui minha gratidão e honra a Deus e à pastora Débora Almeida pelo convite. Sinto-me privilegiada em fazer parte deste projeto que nasceu do coração do Pai para as nações, uma conexão alinhada ao céu, como coautora deste livro "Conexão Destino - uma mulher-chave destrava destinos".

Nasci em Recife, capital do estado de Pernambuco. Tenho 50 anos, sou professora, enfermeira, capelã, mentora e escritora. Faço bacharel em Teologia e Neurociência.

Coautora do livro "Mulheres Zoe 2" e autora do livro "O TESTEMUNHO, jamais foi sorte, sempre foi Deus", que será lançado em dezembro deste ano 2023, na Alemanha.

ola_mulheres_preciosas

janaina_medeiros_2020

+49 1520 8583454

janaina.medeiros.banderob@gmail.com

Devocional Olá Mulheres Preciosas

12 A PROFECIA

Por Janaína Banderob Medeiros

Isaías 30:29: Um cântico haverá entre vós, como na noite em que se celebra uma festa santa; e alegria de coração, como a daquele que vai com flauta, para entrar no monte do Senhor, à Rocha de Israel.

Tenho um chamado muito honroso e gratificante: servir ao Aba Pai e às pessoas com a porção que Ele liberou sobre a minha vida, dando apoio, instrução e abraçando através da palavra com autoridade do Espírito Santo de Deus, declarando sobre vidas que não importa o processo que você esteja passando, preciosa, em "Cristo Jesus você vai vencer, e não é o fim, e sim o começo. Em Cristo aprendemos a reconstruir altares em meio ao processo, e nesse processo de dor Ele está te habilitando para o propósito, mas não tenha medo, seja forte e corajosa, pois você está sendo preparada e reconstruída para um novo tempo. Para tudo há um tempo certo, e há um tempo para cada propósito debaixo do céu (Eclesiastes 3:1).

Há uma promessa do céu para sua vida. Ei, preciosa, em meio ao processo, não se distraía; alinhe-se nEle.

A promessa do Aba Pai para minha vida...um chamado onde só havia medo e dor. Tudo começou através de uma profecia, em uma sexta-feira como hoje data em que escrevo este capítulo, alguns anos atrás, após uma semana de trabalho retornando para casa sem expectativa nenhuma de vida, só dor, desespero, abandono e abusos e com três crianças pequenas para criar. Naquele dia, eu estava com coração muito angustiado e a minha alma gemia de tanta dor, pois meus filhos não teriam mais uma vez o que comer naquele dia. Três crianças sem a presença paterna de um pai, com uma mãe marcada pelo desprezo e abusos sexuais que começaram a partir dos meus 9 anos de idade.

Naquele tempo, meus filhos eram tudo o que eu tinha, por eles eu tinha forças para seguir, minha razão de viver, e era muito duro não poder dar a eles uma vida digna. Eu trabalhava como professora em uma escola de ensino infantil da amiga diretora Maria Aury, uma mulher conectada no céu, ela foi um anjo enviado por Deus para nos socorrer. Seremos sempre gratos, amiga, a você e aos seus pais, que sempre nos trataram como família. Sobre esta fase da minha vida conto com detalhes no meu livro "O TESTEMUNHO, jamais foi sorte, sempre foi Deus".

Naquela sexta-feira à noite, saí e fui pedir esmola, ainda usando o fardamento de professora, explicando para as pessoas minha situação, já que eu trabalhava sim, mas não era suficiente para, sozinha, arcar com todas as despesas. Lembro-me como se fosse hoje a alegria nos olhinhos deles quando viram a comida na mesa. Saí, pois me sentia sufocada e não queria chorar na frente deles, e disse "vou ali e volto logo". Ainda naquela noite, saí sem rumo andando pelas ruas, e confesso que até cheguei a pensar em tirar a própria vida. Naquele tempo já havia aceitado Jesus, mas ainda não estava alinhada na palavra e no céu.

Foi quando, andando sem rumo, algo me chamou atenção: uma voz que dizia: "filha, filha não tenha medo". Olhei para o lado e não vi nada nem ninguém, só avistei uma porta iluminada, as lágrimas rolaram: era uma igrejinha. Uma voz firme e serena dizia assim: "Venham a mim todos os que estão cansados e oprimidos". Eu entrei e me sentei na última cadeira, bem quieta, foi quando o profeta de Deus apontou para mim e disse: "Filha, o que queres que eu faça?". Ainda sem entender, fiz de conta que não era comigo, mas falei, no meu interior, "se é o Senhor mesmo, mude tudo na minha vida, pois não tenho mais forças para lutar". Lágrimas rolam!

Foi quando o pastor insistiu em apontar para mim. Até tentei sair da igreja, mas, com uma voz que estrondava nos meus ouvidos, ele disse: "Eis que vou te levar para uma terra distante; escuta, filha, considera e inclina os teus ouvidos em atenção, esquece o teu povo e a tua parentela". E disse mais: "Filha, escreva o que eu te digo, pois não vou repetir novamente. Nem olhos viram nem ouvidos ouviram aquilo o que eu tenho guardado para ti. Aleluia, Jesus! Lágrimas rolam. Amada, ali naquele mesmo momento, eu caí em prantos.

Hoje em dia, não consigo viver nem um minuto sequer sem a presença do meu querido Espírito Santo. Amada, quando estamos no meio da provação, é difícil enxergar a saída, não é verdade? Hoje eu louvo a Deus por todo processo até chegar aqui, você consegue me entender, minha preciosa, que é necessário passar pelo processo até o cumprimento do propósito? Sabe, quando o Senhor chama, Ele mesmo entra na peleja por nós, Ele se responsabiliza, entende?

Pai, sei que estás aqui e como é linda, forte e sobrenatural a Tua presença, Santo Deus e eterno Pai, com a autoridade do céu a mim concedida, eu, Janaina, em nome de Jesus, declaro na sua vida hoje: seja livre de toda culpa, de todo medo e de toda opressão, seja curada, seja liberta pelo sangue de Jesus, seja impactada pela unção de Cristo, seja alcançada e alinhada por Ele, reconstruída e edificada nEle. Aleluia, Jesus!

Hoje, o Senhor teu Deus te atraiu até esta leitura para te abençoar e te dizer: "Filha, não desista, você não está só, seja forte e corajosa, suporte o processo até o fim. "E tudo o que pedirem em oração, se crerem, vocês receberão" (Mateus 21:22).

A partir do momento que nos alinhamos e nos posicionamos no trono do céu através da nossa fé e compromisso com Deus, Ele faz o impossível acontecer. O que eu, Janaina, tenho aprendido com tudo isso é que, em meio ao processo da vida, só vive a promessa quem está disposto a se desapegar dos ciclos passados e se permitir viver as conexões certas, a se alinhar ao céu e viver o novo ciclo que o Pai já tem separado para nós. Primeiro, Ele nos molda e nos prepara para, depois, nos entregar as promessas e o propósito que Ele já tem preparado para nós, suas filhas amadas e preciosas.

"Porque sou Eu que conheço os planos que tenho para vocês, diz o Senhor, planos de fazê-los prosperar, e não de causar dano, planos de dar a vocês esperança e um futuro". Você entendeu o que eu e você temos de herança por direito?

Amada, nós somos a menina dos olhos de Deus, somos filhas amadas e preciosas de um Pai que é o próprio amor. Você pode até estar dizendo assim: "Ah, missionária, falar e muito fácil, mas eu já estive neste deserto e sobrevivi, e você também vai sobreviver. Amém?

Eu sei bem que existem fases nas nossas vidas em que atravessamos desertos tão extensos que parecem não ter fim, e, diante do deserto por crises familiares, abandono, casamento em ruínas, diagnósticos contrários, a impressão que temos é que não haverá solução. Noites intermináveis de choro e insônia, dias de apatia e aperto na garganta. Por mais ensolarado que esteja o dia, só enxergamos o tom cinzento. Até dobramos os joelhos na tentativa de fazer uma oração, mas nenhuma palavra conseguimos balbuciar, então, as lágrimas falam por nós. Muitas vezes me vi neste cenário de depressão profunda, e desistir não é a saída, então não desista, não pare, pois assim como eu venci, você também irá vencer.

Muitas vezes, em meio ao nosso deserto, não conseguimos perceber que o silêncio dEle também é resposta. Em silêncio, Ele responde: "Filha, espere, apenas confie, estou no controle de todas as coisas, estou agindo. Sabe o que eu aprendi com tudo isso? Aprendi que as tribulações são estratégias de Deus para algum propósito que só compreenderemos tempos depois. O medo é um dos maiores impedimentos para que possamos viver a plenitude de Deus em nossas vidas, e, infelizmente, ele tem o poder de nos paralisar e nos manter em uma prisão imaginária.

"Porque Deus não nos deu um espírito de medo e timidez, mas um espírito de poder, de amor e de autodomínio." (2 Timóteo 1:71)

Quero te incentivar, a partir de hoje, a crer, descansar e confiar nos planos de Deus. "Só Eu conheço os planos que tenho para vocês: prosperidade, e não desgraça, e um futuro cheio de esperança. Sou Eu, o Senhor, quem está falando" (Jeremias 29:11). Nossa fé está firmada na esperança que o tempo dEle é perfeito para todas as coisas, somos filhas, herdeiras da promessa, pertencemos a uma filiação com paternidade. Ser filha de Deus é um grande privilégio! Deus é o melhor Pai que existe.

Em Cristo, você vai vencer!

Tudo começou através de uma profecia e, hoje em dia, vivemos o melhor de Deus nesta terra, aqui na Alemanha. A nossa jornada até chegarmos aqui não foi fácil. Sempre falo aos meus filhos que de onde saímos até aqui onde o Senhor nos plantou e tudo que conquistamos não foi sorte, jamais foi sorte, e sim a própria mão de Deus.

Somos muito abençoados por Deus. Somos uma família alicerçada na rocha, que é Jesus. Amada, vale a pena sim confiar nos planos de Deus. O convite de Deus para nossas vidas hoje é fechar os ciclos que nos prendiam no passado é uma chamada para a libertação e para abraçar o novo. Com confiança e fé, podemos enfrentar qualquer desafio, sabendo que Ele nos capacita. Não precisamos ter medo, pois o poder de Deus está conosco, e Ele nos conduzirá para um futuro cheio de esperança e propósito. Que possamos aceitar o convite de Deus para ampliar nossas tendas, não apenas fisicamente, mas também as espirituais, que estejamos dispostos a estender nossas cortinas, alongar nossas cordas e fortalecer nossas estacas, confiando que Deus nos capacitará para alcançar novos horizontes. À medida que nos transformamos nEle, celebraremos Sua fidelidade e bondade em nossas vidas.

Sem mais delongas, minha preciosa, sugiro a você a leitura do meu livro "O TESTEMUNHO, jamais foi sorte, sempre foi Deus", que será lançado em março de 2024. Nele, relato com detalhes o agir de Deus e as armas preciosas do céu que irão instruir você a viver o extraordinário que o Senhor já tem separado para você, mulher preciosa!

"Uma mulher equilibrada e posicionada em Deus compreende o propósito do Pai para sua vida, alinhando-se à história que Ele já preparou para ela."

Janaína Banderob Medeiros

dias de
inspire

Bpa. Jocelene Borges

Sou Jocelene Lopes Borges, serva do Deus Vivo, casada com Divino Rocha, mãe da Ingrid, da Paula e da Esther.

Sou Bispa, servindo juntamente com meu marido na igreja Comunidade Batista Ministério Vida, na cidade de Três Lagoas, em Mato Grosso do Sul.

Formada em Administração de empresas na UFMS, com pós-graduação em Gestão do Trânsito.

Além de funcionária pública, sou palestrante e mentora de mulheres. Minha maior alegria é vivenciar pessoas sendo transformadas através do poder da Palavra.

joceleneborgestl

Jovens Do Avivamento

jocelenctl@yahoo.com.br

13 VOCÊ NÃO VAI MORRER NA DOR!

Por Bpa. Jocelene Borges

Quando Jesus disse: "No mundo tereis aflições", ele fez uma afirmação, e a maior dor humana é o luto. Passei duas vezes pelo luto e sobrevivi, e quero te ajudar com minha experiência.

Eu era casada com um homem íntegro, trabalhador, servo do Deus vivo, bispo na Casa do Senhor. Quando repentinamente ele adoeceu e teve três infartos, como eu estava acostumada a viver em ambientes de milagres, tinha visto tantas curas e prodígios, estava certa da cura dele. Declarei, orei, profetizei com fé...Jamais duvidei do que Deus podia fazer, tinha a certeza da cura e do milagre na vida dele. Nós sempre oramos crendo no impossível, e é assim que deve ser, porque não há o que Deus não possa fazer, mas será feita sempre Sua vontade. E, para o meu desespero, ele teve um AVC e não resistiu. Quando o médico disse que ele havia morrido, foi uma dor insuportável. E, agora, o que fazer com o não de Deus? Entrei em um período de questionamentos, não aceitação, como se Deus tivesse me penalizado por algo. Levei um tempo pra entender que o Senhor tinha dito não para a terra, mas sim para o céu; ele era de Jesus, portanto, o Senhor não tinha me roubado nada, apenas o tinha tomado de volta, já que ele era dEle. Busquei ajuda médica, terapia, você pode buscar ajuda em terapias, psicólogos e psiquiatras – eles podem ajudar muito! – e isso não é pecado, não significa que você não tem comunhão com Deus nem faz de você menos crente. Quando estamos doentes no corpo, procuramos um médico, e quando estamos doentes na alma, podemos procurar um psicólogo, mas é importante que sejam profissionais que sirvam ao Senhor, e apenas a terapia não é o suficiente.

Você precisa entender que o mais importante é o consolo do céu, único e específico, vindo do próprio Deus. Temos um consolador, o Espírito Santo que nos abraça nesses momentos, e assim fui abraçada e passei essa dor no colo do Pai. Entendi que o milagre maior era eu sobreviver aquela dor e prosseguir. A morte é traiçoeira, e junto com quem amamos ela quer nos enterrar vivos, nos levar a uma depressão profunda, a um quarto escuro e tirar toda a nossa perspectiva de futuro.

Eu decidi viver, preguei como nunca, cuidei de pessoas, e alguns meses depois eu estava vivendo um nível de unção mais profundo, e eu entendo que foi resposta ao meu posicionamento diante do querer de Deus. Entendi que Deus continua sendo Deus e que seu poder se aperfeiçoava em minha fraqueza, então decidi mergulhar na obra, pregar e pregar. Deus falava comigo o todo tempo, e esses momentos no secreto com Deus, horas e horas prostrada em adoração, oração e leitura da Palavra foi o antídoto que curou minha dor. Nesse momento de dor, o Senhor me levou a um lugar de acesso nEle que eu nunca tinha alcançado, revelação de quem Deus é, do seu poderio. Segredos do céu foram revelados a mim, no vale, conheci o Deus dos vales mais intensamente, e aos seus pés, envolto nessa nuvem de glória, tive minha dor curada; e minha alegria, restaurada.

Após o luto, Deus restaurou minha vida e me casei novamente. Deus é um Deus de recompensa, e todos que permanecem firmes diante das adversidades serão restituídos de forma abundante por Ele. Ninguém que confiou em Deus terminou seus dias frustrados. O que para muitos é o final, para Deus é recomeço, Ele faz tudo novo de novo em nossas vidas. Eu estava vivendo um período pleno de alegria, e para completar a alegria da família, alguns meses após meu casamento engravidei, e tudo corria às mil maravilhas. Durante a gestação, ocorreu tudo bem, e então ela nasceu. Assim que o médico a trouxe para mim, orei com ela e perceberam que tinha alguma coisa errada e ela foi para UTI. Então recebi a pior notícia: "Sua filha nasceu com alguma doença, os médicos não sabem do que se trata, eles estão fazendo tudo o que podem, mas disseram que ela está morrendo...". Entrei em um clamor, pranto, Deus...Deus... de novo alguém que amo está partindo, Senhor, não posso acreditar que vou passar por isso novamente, tem misericórdia, Senhor!

Sabe, querido, às vezes passamos por uma situação tão difícil que pensamos: Não consigo passar por isso outra vez, Deus nunca mais vai permitir que eu passe por isso de novo. Aprendemos que a luta que você for reprovado vai passar outra vez, até ser aprovado por Deus, mas e quando você fez tudo certinho, se sente aprovado, e mesmo assim acontece de novo? Não, Deus não está te penalizando, você não está pagando por nenhum pecado, Deus não se esqueceu de você, você não nasceu pra sofrer, Isso tudo é mentira do diabo, que muitas vezes usa pessoas para lançar palavras e trazer esse sentimento ao seu coração.

Quando eu entrei e vi minha princesinha, Esther, linda, parecia estar dormindo, eu não podia acreditar que aquele diagnóstico era dela. Pus as mãos sobre ela por umas janelinhas na incubadora e orei, clamei com todas as minhas forças e com toda fé do meu coração. Recebi alta, voltei pra casa sem meu bebê nos braços. Chegar em casa sem ela foi devastador, parecia que eu a tinha abandonado, deixado ela para trás. Sei que tem muitas mulheres que passam por isso, e quero te dizer que nesse pior momento da sua vida o Senhor está contigo, Ele sabe a dor que você está sentindo e tem um lugar especial no colo de Deus para você.

Os dias seguintes foram na UTI, talvez você esteja com alguém que você ama adoentado, hospitalizado e você já está sem forças, perdeu a noção do tempo, não come direito e a angústia tomou seu coração. Quero te dizer que a boa mão do Senhor está estendida para você nesse momento, parece que a qualquer momento você vai desmaiar de tanta aflição, mas o Senhor te dá forças e te sustenta nesse momento. Seja forte e corajoso! O Senhor está contigo e você não vai morrer na dor.

Quando vi minha pequena com tantos aparelhos ligados nela, médico, enfermeiro, oxigênio, eu senti o medo tomando conta de mim a ponto de não conseguir me mover, então me lembrei que o medo é um espírito e comecei a orar, orar, e orar... eu ficava com ela o tempo todo, passei a enfrentar a morte todo o tempo orando, declarando a palavra e adorando. Eu ficava com as mãos impostas sobre ela, meu clamor invadiu aquele hospital e muitas mãezinhas se uniram em oração. Juntas, passamos a orar no quarto. Todos os dias os médicos me diziam que ela poderia não resistir. Saiu o diagnóstico, Síndrome de Patau, uma síndrome que é conhecida por ser contra a vida. Mas como podia ser? Os médicos ficaram impressionados porque essa síndrome é muito agressiva, e a Esther tinha poucas deformidades, os médicos diziam que parecia ser o diagnóstico de outro paciente, pois nunca haviam visto nada igual. Tem coisas na sua vida que não terão explicação, você serve ao Deus do sobrenatural, que pode fazer coisas que confundem as pessoas. Tudo para mim passou a ser milagre, nesse tempo, Deus me usou também para consolar outras mães.

Não é porque você está na dor que não tem nada a oferecer, a essência continua aí dentro de você, a unção derramada sobre sua vida não vai se esvair com a dor, pelo contrário, quanto mais esmagada a flor, mais ela exala o perfume. Eu orava com todos a minha volta, declarava a palavra e muitos bebês foram curados e tiveram alta. E quando a Esther foi para mesa de cirurgia, eu orei assim: "Eu amo o Senhor acima de todas as coisas e, independentemente do que o Senhor fizer, será feita a vontade de Deus. Se não fizer o que eu desejo, continuará sendo o meu Deus! Sei que o Senhor tem poder para curar, mas também sei que, se esta não for a sua vontade, o Senhor vai levar, mas, independentemente da resposta que o céu me enviar, continuarei amando e servindo ao Senhor. Sei que se o Senhor não curar, não significa que o Seu poder é limitado nem que o Senhor não pôde fazer, apenas se cumpriu Seu querer, mas até o último fôlego de vida dela vou gritar ao céu implorando pela cura porque creio que tudo podes, Senhor".

E assim foi. Com 87 dias de nascida, a médica me disse: "Chama o pai, a família, as batidas do coração estão diminuindo, não temos o que fazer". Eu orava em línguas, já estava sem forças. Eu clamava, "meu Deus, me ajuda". Eu cri, determinei, com a mão no peito dela até o coraçãozinho dela parar. Uma segunda-feira sombria e chuvosa, o Senhor a levou para Si. Meu marido não havia chegado ainda, eu estava sozinha, eu e Deus. Às vezes parece que você está sozinho, mas, não, não está, o Senhor está ali contigo. Em meus piores momentos, Deus permitiu que eu estivesse sozinha para me fazer sentir a presença dEle. A essência de bem-aventurado os que choram porque serão consolados é o colo de Deus para os que estão em pranto. Nunca, em nenhum outro momento, a presença do Senhor foi tão intensa, real, inexplicável.

Quero que você entenda que a dor do luto é terrível, avassaladora, mas não é o seu fim, aquele momento e os dias subsequentes serão de muito choro e pranto e vai parecer que você vai desfalecer, que nunca mais vai conseguir sorrir novamente, vai parecer que aquela dor não vai ter fim, mas, acredite, terá, e deixar de chorar por quem se foi que você amava não significa que você deixou de amá-lo ou que se esqueceu dessa pessoa, significa que foi curado, aquela dor não existe mais, ficaram as lembranças e a cicatriz. Não vivo uma vida depressiva nem me entreguei a um luto eterno, fui consolada pelo céu. A eternidade é uma verdade que cura. Apesar de tudo, escolhi não morrer na dor e quero te dizer:

Não alimente esse pranto, não faça dessa dor o seu fim, você não vai morrer na dor, a morte levou quem você amava, mas não vai roubar sua alegria de viver, sua esperança nem seus sonhos. Jesus foi preparar lugar, não é o fim, receba essa verdade no teu espírito agora. Se você foi enterrado junto com quem amava e está enlutado até hoje, se está há anos paralisado nessa dor, eu declaro, no nome de Jesus: saia dessa cova agora, receba bálsamo do céu, cura vinda de Deus, O Senhor tem alegria para o seu coração, paz que excede todo entendimento, cura para sua alma, que os cordéis da morte que te cercaram caiam por terra agora, seja liberto dessa angústia, desse pranto, dessa amargura, volte a sorrir, volte a sonhar, volte a viver!

"Não vivo uma vida depressiva nem me entreguei a um luto eterno, fui consolada pelo céu. A eternidade é uma verdade que cura."

Bpa. Jocelene Borges

Josiane Lopes

Sou Josiane Lopes, casada, mãe de dois filhos e avó de duas princesas.

Missionária, bacharela em Teologia e master coach em Desenvolvimento humano. Fundadora do MetAMORfose - Conferência para Mulheres. Escritora do livro "Saindo do Casulo", presente de Deus para minha vida e para ajudar mulheres a viverem o melhor nesse tempo.

Nasci em Nelson de Sena, interior de Minas Gerais, e hoje resido em Nova York, nos EUA. Apaixonada por Jesus, pela vida, família, amigos, pelas borboletas e por tudo que aprendi com elas. Deus, sabendo disso, me deu o MetAMORfose, especialmente criado para ajudar mulheres a voar rumo ao seu propósito de vida.

Gratidão a Deus! Tudo é por Ele e para Ele.

oficialjosianelopes

metamorfose_ny

14 QUANDO DEUS DIZ NÃO

Por Josiane Lopes

Muitas pessoas acreditam que viver em paz é nutrir o amor divino, usufruir do que Deus nos deixou e se alegrar com as bençãos recebidas, não é verdade?

Mas o que fazer quando Deus diz não?

Talvez até hoje você tenha vivido todos os dias sem pensar que Deus nos diz não com o mesmo amor que nos diz sim. A verdade é que Deus vê além e protege o propósito dEle de várias maneiras.

A Palavra de Deus nos diz em Salmos 116:1-6 que Ele ouve a minha voz e as minhas orações. Sim, até mesmo quando não conseguimos expressar Ele nos ouve, porém não promete que vai atender todos nossos pedidos, porque Ele sabe de todas as coisas e Sua vontade é boa, agradável e perfeita (Romanos 12:2).

Como entender, reagir e aceitar o não de Deus?

Quando aceitei Jesus como meu único e suficiente Salvador, levei um tempo para entender a soberania divina. Eu obedecia a Deus, assim como obedecia ao meu pai terreno, mas não entendia a vontade soberana de Deus para minha vida.

Hoje, eu entendo que o não de Deus pode acontecer por diferentes motivos, e não nos cabe questionar, porque sempre terá um propósito muito maior do que imaginamos.

O não de Deus é transitório

Quando engravidei do meu segundo filho, me cerquei de todos os cuidados: alimentação, exercidos, pré-natal, tudo em dia. No início do meu sexto mês de gravidez, fui ao médico fazer mais um ultrassom e estava tudo bem com o meu bebê, Gustavo. No dia 4 de janeiro de janeiro de

1996, celebramos o primeiro aniversário do meu primogênito, Henrique, e estávamos muito felizes. Infelizmente, no dia 12 de janeiro daquele mesmo ano, comecei a sentir contrações sem dor e, quando cheguei ao hospital, meu filho já estava nascendo. Os médicos fizeram o que puderam, mas meu filho nasceu prematuro e não resistiu. Foi o pior momento da minha vida. Como foi difícil voltar para casa sem meu filho nos braços. Ver meu peito jorrando leite e não ter meu filho para amamentar. Foram dias de profunda tristeza, o não mais difícil que eu recebi até hoje. Vinte e nove anos se passaram e aqui estou eu, lembrando, escrevendo e chorando...

Apesar da dor, tive que continuar, mesmo sem entender; tive que prosseguir. Busquei forças em Deus e no apoio da família, amigos e, especialmente, no meu filho, que, naquele momento difícil, era minha maior motivação para viver. Porém, existia uma promessa em minha vida. Deus sabia que meu maior sonho era ser mãe de uma menina.

Dois anos depois, Deus me deu uma filha linda, perfeita. Minha Laís chegou e Deus restaurou a minha alegria de viver. Como sou grata a Deus por isso! Recebi a graça imerecida que curou a minha dor. Deus trocou a minha veste de lamento por veste de alegria!

Esse relato é para lembrar você que pessoas normais suportam os nãos de Deus, não é preciso ser um super-homem ou uma mulher-maravilha, é preciso ter fé, olhar em frente quando não se enxerga o caminho e não desistir crendo que "O socorro vem do Senhor" (Salmos 121).

Veja bem: Deus não poupou nem o Seu único filho, Jesus, de receber o não, e Ele o aceitou, com morte de cruz.

Em Mateus 26-42 está escrito: "Tornando a retirar-se, orou de novo, dizendo: Meu Pai, se não é possível passar de mim este cálice sem que eu o beba, faça-se a Tua vontade".

O não de Deus para Jesus significava que Ele precisava enfrentar a cruz para salvar a humanidade, porque era um propósito do Pai.

Jesus reagiu orando e chorando, não por medo da morte de cruz, mas porque sabia que, ao beber do cálice, assumiria nossos pecados, tornando-se um pecador, e como conhecedor das escrituras, ele sabia que a única coisa que separa o homem de Deus é o pecado. O filho inocente teria que separar do Pai. Ele levou a cruz e suportou a crucificação, por um propósito maior, o amor por nós.

Estive em Israel, e o lugar que mais me impactou foi o Getsêmani, especialmente onde Jesus chorou solitário. Foram minutos de profunda reflexão e choro, sem entender que esse aprendizado era um treinamento. Saí do Getsêmani, fui ao Jardim do túmulo, vi o Gólgota, onde Jesus foi crucificado, e pude entrar no túmulo e ver que ele está vazio. Jesus não está lá, Ele venceu a morte e ressuscitou!

O não de Deus para Jesus, no Getsêmani, transformou-se em glória eterna. "Ele subiu aos céus e reina à direita de Deus" (1 Pedro 3:22)

O Não de Deus é transitório. Confia!

O não de Deus é proteção

Era junho de 2020, auge da pandemia de covid-19, quando o Senhor me presentou com o MetAMORfose. Naquele momento, fazíamos reuniões on-line semanalmente com mulheres do mundo inteiro. Foi um tempo de muito aprendizado, crescimento, novas conexões e experiências marcantes. Assim que retornamos para as reuniões presenciais em nossas igrejas, estávamos encorajadas a continuar esse projeto. Grandes foram os desafios, e, nos anos seguintes, tivemos duas conferências presenciais. Nossos corações estavam alegres com tudo que o Senhor estava fazendo.

Em janeiro de 2023, começamos os preparativos para a terceira conferência que aconteceria em junho do corrente ano. Data e local definidos, preletores confirmados, tudo fluindo naturalmente. Em março, quando íamos iniciar a divulgação, algumas coisas desalinharam, mas seguimos firmes com o propósito, orando, jejuando e buscando respostas no Senhor.

Verdadeiramente, eu pensava que as lutas eram investidas do inimigo para me parar.

Os dias passavam e comecei a sentir um aperto no peito. Conversei com a minha equipe, intensificamos a busca e, ao me aconselhar com uma amiga, ela me fez a seguinte pergunta: "Josy, você está em paz? De repente pode ser que Deus só esteja adiando a Conferência, se acalma, porque o que vem de Deus traz paz, e o tempo dEle é perfeito. O não de Deus também é resposta".

Confesso que levei alguns dias para aceitar esse não de Deus. Noites maldormidas, tristeza, vergonha de voltar atrás, até que chegou o dia mais difícil para mim, que foi a hora de comunicar oficialmente o cancelamento da Conferência. Lembro-me que, à medida que eu digitava a mensagem, a tela do meu celular parecia um lago de tanta lágrima. Respirei fundo, olhei para o alto e disse a Deus: seja feita a Sua vontade, e fiz o comunicado.

Os dias foram passando e, um dia, cheguei em minha igreja e meu pastor me disse: "Nos ajude em oração, pois o dono do prédio, local da igreja, nos chamou para uma reunião".

Depois de várias tentativas de negociação sobre valor do aluguel, recebemos um comunicado que tínhamos que entregar o imóvel até dia 30 de maio de 2023. O que eu não mencionei acima é que a data da conferência era dia 15 de junho. Ou seja, Deus já sabia de tudo e protegeu a mim e ao propósito dEle.

Hoje, com minha alma mais em paz, quero compartilhar com você meu aprendizado.

Não basta apenas dizer que amamos Deus e que confiamos nEle porque, em algum momento, Ele vai nos colocar à prova. Obedecer quando tudo é favorável é fácil, mas eu aprendi que o que mais dificulta nossa obediência a Deus é o orgulho. Eu estava tão preocupada em ter que voltar atrás na minha decisão que o orgulho inflou meu ego e a vaidade me cegou. O orgulho dita como agimos e reagimos e distorce nossa identidade dada por Deus. Eu me recusava a obedecer a Deus por estar preocupada com o que iriam pensar de mim. Em nenhum momento, em minhas orações, eu perguntei a Deus se era essa a vontade Dele, eu só dizia: Se for da sua vontade, que aconteça, e não foi...

Ao longo desse processo, Deus foi me moldando, me tirou do ativismo e me trouxe para o quarto secreto. Quanta dor, solidão e angústia. O oleiro quebrou o vaso e começou uma linda reconstrução. Essa obra só vai estar totalmente restaurada lá na eternidade, mas é aqui e no agora que precisamos confiar nEle e agir em busca das mudanças necessárias para vivermos o novo, dentro do propósito já estabelecido. No secreto, eu pude descobrir que minhas lamparinas estavam cheias, mas eu não tinha reserva de azeite. O dia do "luto" chegou! Eu creio que, no tempo perfeito de Deus, tudo acontecerá e vai ser lindo, de valor imensurável.

Neste caso, eu entendi o não de Deus como proteção. Ele já sabia que não teria o espaço para a realização da Conferência, e por isso me protegeu de uma vergonha maior. Aprendi que Deus só vai entregar em nossas mãos algo grande quando estivermos maduras para sustentar o propósito independentemente das circunstâncias, por isso vêm as provas, e o não de Deus faz parte disso.

Caso você esteja experimentando algo semelhante, fica em paz, acalma seu coração, Deus não atrasa e não perde tempo caprichando, porque tudo que vem dEle é perfeito.

Se nesses momentos de tribulação da alma conseguíssemos parar, certamente ouviríamos Deus sussurrando: "Ei, filha, você é mais importante que seu esforço. Conheço seus dons e talentos, mas Eu não preciso deles. Descanse, Eu quero te colocar no colo, afagar seus cabelos e te abraçar para que sinta e exale o Meu perfume. Descanse, quero te proteger de ser usada de qualquer jeito, sem preparo, porque Eu sou o Pai zeloso. Filha minha, beba de Mim que Sou a fonte de águas puras. Compra de Mim o ouro aprovado no fogo para que Eu te enriqueça, vista com as minhas vestes brancas para que não apareça a vergonha da sua nudez, use em teus olhos o Meu colírio para que vejas além. Eu digo não, repreendo e castigo a quem Eu amo".

Escrevendo este capítulo, concluo que mais uma vez em minha vida o não de Deus é transitório e, pela fé, eu creio que o amor do Pai ressignifica os nãos e os transformam em algo grandioso.

Eu recebi a graça imerecida para curar a minha dor ao ser convidada pela missionária Débora Almeida para participar deste livro. Quanta gratidão ser escolhida como uma mulher-chave para destravar destinos! Deus colocou em minhas mãos chaves para abrir e fechar portas que têm segredos que eu desconheço, mas se eu seguir as orientações dEle, as chaves se encaixarão, as portas abrirão, e eu entrarei e seguirei confiante pelo caminho que Ele já fez...

O não de Deus é proteção. Confia!

Querida leitora, encorajo você a refletir sobre o texto, anotar os insights, crendo que Deus pode (ou poderá) te dar a chave certa que irá destravar seu destino. Confia...

Shalom!

“O não de Deus é transitório, é amor, proteção e resposta.”

Josiane Lopes

TUDO QUE VOCÊ

Josy Rodrigues

Meu nome é Josenir Rodrigues da Silva Rosa, mas prefiro de ser chamada de Josy Rodrigues.

Sou carioca e moro em Marechal Hermes, na Zona Norte do Rio de Janeiro, na companhia de meu esposo Jaderson, com quem sou casada há 11 anos.

Sou costureira, empreendedora, mãe de duas meninas, avó de quatro netos e, pela graça de Deus, estou me tornando escritora, a partir deste projeto.

Tenho uma confecção há 10 anos, que gera emprego direto para cinco mulheres; e, indireto, para alguns colaboradores. Me considero uma mulher bem-aventurada, mas nem sempre foi assim.

Passei por grandes dificuldades, situações que, se não fosse o amor e a misericórdia de Deus, eu não estaria aqui. E se hoje posso compartilhar com vocês a minha história, é porque os olhos do Senhor me viram, e Sua mão poderosa me resgatou.

josyrodriguesrosa

+55 (21) 99806-5432

josenirrodriguesrosa

josenirrosa@gmail.com

15 O SENHOR ME VIU E, COM SEU AMOR, ME ERGUEU

Por Josy Rodrigues

Nasci em uma família muito pobre. Minha mãe era mãe solteira, o que nos anos 1970 significava ser muito discriminada. Minha mãe era afastada do Evangelho quando eu nasci, mas isso não a impediu de criar as filhas ensinando que só há um Deus.

Quando ela engravidou de mim, decidiu que não poderia ter aquele filho, e resolveu que iria fazer algo para perder o bebê. Ela aproveitou que estava de mudança e pegou um cabeçote de máquina de costura que era bem pesado e o carregou apoiando o peso com a barriga por uma distância de mais ou menos 2km. Naquele dia, o diabo perdeu a primeira batalha contra a minha vida, porque, como está escrito no Salmo 139: "Os olhos do Senhor me viram ainda informe".

Cresci com muita necessidade financeira, e minha mãe permaneceu afastada do Evangelho por mais alguns anos.

Eu era uma criança muito inteligente e ajudava minha mãe em tudo. Em 1980, éramos eu, minha mãe e minhas duas irmãs; uma mais velha e uma mais nova que eu. Em dezembro daquele ano, eu com 9 anos, fui levar minha irmã caçula na escola e, quando estava voltando, sofri um acidente: fui atropelada. Quando minha mãe chegou em casa, ouviu de uma prima e da minha irmã mais velha: "Josy foi atropelada!". De pronto, minha mãe questionou: "Ela morreu?", e, em resposta, tamanha gravidade, responderam a ela: "Achamos que sim!".

Imediatamente, minha mãe desceu as escadas de casa. Morávamos em uma comunidade pobre, de prédios com cinco andares, apenas. Ao chegar no térreo, já aos prantos, os vizinhos perguntaram: "A senhora é a mãe da menina que morreu ali? Porque, com certeza ela morreu, pois o carro passou em cima da cabeça dela!".

Naquele momento, minha mãe se dirigiu ao hospital mais próximo, e, no caminho, ela conversava com o Senhor: "Deus se minha filha não morreu, eu volto para os Seus caminhos".

E mais uma vez o inimigo perdia uma batalha contra a minha vida, e dessa vez não só contra minha vida, pois o plano dele era destruir toda minha família, mas o Senhor poupou minha vida, resgatou minha mãe e começou a transformar nossa história.

Tive traumatismo craniano e quebrei um braço, mas em 24 horas já estava em casa. Minha mãe cuidou de mim e, assim que tivemos condições, fomos a uma igreja evangélica da qual algumas amigas dela eram membros. Nesse dia, minha mãe se reconciliou com Jesus, e eu e minha irmã de 6 anos estávamos com ela.

Mas eu não era só uma criança que ia para a igreja com a mãe, não! Eu tinha aceitado Jesus de verdade!

A vida era difícil, e muitas vezes andávamos distâncias enormes para chegar à igreja, pois íamos de trem, e a estação ferroviária era longe tanto da minha casa quanto da igreja. Mas fazíamos esse trajeto com alegria, era ótimo estar na casa do Senhor. Eu participava de tudo que uma criança podia participar: grupo Joias de Cristo, peças infantis, escola dominical, jogral, entre outras atividades.

Eu tinha muita facilidade para decorar textos e, na época, era muito comum declamar poesias nas igrejas, e eu fazia isso muito bem. Passei a ser convidada para declamar poesias em uma igreja perto de casa. Lá, a dirigente das crianças era amiga da minha mãe.

Um dia, ela me convidou para ensaiar algumas crianças do grupo dela. Nessa época, eu já estava com os meus 13 anos, me sentindo adolescente e achando que já não precisava de Deus para nada. Em uma das tardes de ensaio, antes da oração que precedia este encontro, resolvi não entrar enquanto a oração não acabasse. Fiquei aguardando lá fora quando, de repente, o Senhor tomou uma menina da minha idade em profecia e começou a me chamar em voz alta. Eu fingi que não era comigo, até que o Senhor me gritou pelo nome! Lembro até hoje da alegria que senti.

Ali, o Senhor me fez promessas grandiosas, eu saí radiante! De novo, a alegria da Salvação tomava conta de mim.

Mas o tempo passou, fiz 14 anos, e os prazeres do mundo começaram a me interessar. Chamei minha mãe e disse: "Mãe, não quero mais ser crente porque eu quero usar short, pintar a unha, usar brinco (essas coisas que, naquela época, crente não podia fazer)".

Minha mãe disse que não ia me forçar a nada, mas que eu sabia que, deixando Jesus naquele momento, eu estava abrindo mão do céu. Na época, não me importei muito: fui viver os prazeres da carne, e hoje penso em como minha mãe sofreu por isso.

Vivi afastada do Senhor por 22 anos. Durante esse tempo, cometi diversos pecados, só duas coisas eu escolhi não fazer: procurar outro Deus e comer alimentos oferecidos a ídolo, fora isso, tudo que imaginarem eu fiz. O Senhor teve misericórdia de mim e não deixou que eu me envolvesse com drogas.

Aos 18 anos, me casei, aos 23, tive minha primeira filha e, aos 26, minha segunda menina. Apresentei as duas ao Senhor, pois, mesmo afastada, eu sabia que só Ele é Deus.

Em abril de 2002, o Senhor recolheu minha mãezinha, e em outubro do mesmo ano eu destruí meu casamento (acho que meu relacionamento ainda existia somente porque ela orava).

Segui minha vida afastada do Evangelho, cometendo erros em cima de erros até meus 36 anos. Durante esse tempo, muitas coisas ruins aconteceram, mas a misericórdia do Senhor me alcançou.

Era domingo de carnaval, e eu estava cansada da vida que levava. Meu interior era só tristeza, embora disfarçada de alegria. As bebidas e as farras já não me satisfaziam mais. Quando estava sozinha, eu orava, uma oração meio acanhada, pois tinha vergonha de me dirigir ao Senhor, devido a tantos pecados. Quero te dizer que é assim que o inimigo das nossas almas faz: ele tenta nos convencer de que não tem mais jeito e que não adianta se arrepender, mas o Senhor diz assim para mim e para ti: "Ainda que os vossos pecados sejam como escarlata, eles se tornarão brancos como a neve, e ainda que sejam vermelhos como carmesim, se tornarão como a lã" (Isaías 1:18).

Naquele domingo, fui a um hospital um pouco distante da minha casa, pois precisava visitar uma "tia". Passei o dia lá e, na hora de voltar para casa, já estava escurecendo. O ônibus estava vazio. Só havia o motorista e, lá no fundo, dois rapazes bem jovens.

Confesso que, naquele momento, senti medo, pois ouvimos tantas histórias sobre assalto que temi que isso pudesse acontecer.

Sentei-me, fechei meus olhos e comecei a falar com Deus, comecei falando assim: "Senhor, me esconde com Suas asas e me faz invisível aos olhos do homem mau". Ali, houve uma reconciliação entre mim e meu Paizinho. Quando dei por mim, estava chorando e pedindo ao meu Senhor que governasse a minha vida. A partir daquele momento, me rendi e confessei que até aquele dia só tinha feito besteira, que todas as minhas escolhas foram erradas e que só Ele poderia me tirar do buraco que eu me encontrava. Foi lindo! E, mais uma vez, o inimigo perdeu a batalha contra a minha vida! O Senhor me viu e, com Seu amor, me resgatou.

Se eu disser que tudo ficou bem de uma hora para outra, estarei mentindo, mas, com certeza, ali o Senhor começou a mudar minha história. Foram dias de muitas lutas, mas em todas eu sentia Deus comigo.

Procurei uma igreja para congregar, sempre pedindo orientação ao Senhor, pois entendi que sem Ele nada daria certo. Eu tinha cometido tantos pecados que para mim era difícil entender que o Senhor me amava mesmo assim.

Eu havia jogado fora tantas coisas, havia destruído meu casamento, saído de uma casa própria para morar de aluguel, escolhido viver os prazeres da carne independentemente do que minha família e amigos achavam... Era difícil acreditar que Deus amava uma pessoa com tantos erros, mas o Senhor foi me tratando com amor me mostrando que não é pelo que eu faço, mas por quem Ele é.

Quando o Senhor me mostrou em qual igreja ficar, poucos dias depois iniciou uma campanha com o versículo tema: "Eu irei adiante de ti, endireitarei os caminhos tortuosos, quebrarei as portas de bronze e despedaçarei as trancas de ferro"; Dar-te-ei os tesouros escondidos e as riquezas encobertas, para que saibas que Eu sou o Senhor, o Deus de Israel, que te chama pelo teu nome" (Isaías 45: 2-3).

Eu não perdia um culto! Era incrível como Deus falava comigo nesse versículo. Tudo o que eu queria era ter meus caminhos endireitado por Ele.

Ele foi me tratando, me ensinando, me moldando... E lá se vão 16 anos. O Senhor mudou a minha vida, transformou a minha história que tinha tudo para dar errado em uma vida de vitória. Hoje, Ele tem me levantado para alcançar mulheres que pensam que não tem mais jeito, que errou tanto que é tarde para se arrepender...

É para você, mulher, que digo: levanta e olha para o alto! Pois é de lá que vem o teu socorro, a quantidade de erros que você cometeu não é maior que o amor que Deus tem por ti.

Ele faz infinitamente mais do que aquilo que pedimos ou pensamos. Nem nos meus melhores sonhos eu poderia imaginar o que estou vivendo hoje.

Ah, lembra da máquina de costura que falei no começo? Aquela que minha mãe carregou para provocar um aborto e eu não nascer? Pois é, o que era para ser maldição, o Senhor transformou em bênção. Aprendi a costurar com 9 anos e, hoje, tenho minha própria confecção.

Quando me reconciliei com o Senhor, Ele me disse que faria coisas grandes em minha vida, mas eu nunca imaginei que Ele me daria uma empresa. Não que eu duvidasse do poder dEle, é que me achava pecadora demais para isso.

Hoje, estar escrevendo a minha história, sabendo que muitas mulheres vão ler e se identificar com ela, é motivo de agradecer ao Senhor, pois só Ele com seu amor imensurável pode fazer isso.

Se você se encontra como eu me encontrava no passado, achando que já cometeu tantos erros e que não tem mais jeito, saiba que existe um Deus capaz de te tirar desse lugar e te levantar de tal maneira que você será uma mulher chave, capaz de destravar o destino de tantas outras.

"Antes que Eu te formasse no ventre materno, Eu te conheci, e, antes que saísses da madre, te consagrei, e te constituí profeta às nações." (Jeremias 1:5)

Dê o primeiro passo em direção ao Senhor e Ele te conduzirá pelo caminho que já está preparado desde antes de você nascer.

"Porque, assim como os céus são mais altos do que a terra, assim são os meus caminhos mais altos do que os vossos caminhos, e os meus pensamentos, mais altos do que os vossos pensamentos." (Isaías 55:9)

Assim diz o Senhor para mim e para ti.

Graça e paz.

“Era difícil acreditar que Deus amava uma pessoa com tantos erros, mas Ele me mostrou que não é pelo que eu faço, mas por quem Ele é!”

Josy Rodrigues

Lauana Doria Scaramella

Meu nome é Lauana Doria, natural de Belo Horizonte, Minas Gerais. Passei grande parte da minha infância e adolescência em Poços de Caldas/MG, onde meus pais e irmãos ainda residem. Atualmente, moro em Brescia, na Itália, mas vivi por doze anos em Madesimo, uma pequena cidade nos Alpes Italianos.

Há quatorze anos, deixei o Brasil em busca de promessas divinas, e tenho vivido a fidelidade de Deus em sua realização.

Gostaria de compartilhar minha história como filha amada, escritora, discípula e pescadora de almas. Sou autora do blog "Por Meio da Sua Palavra".

Para saber mais, você pode me encontrar em:

permezzodellaparola

https://lauanadoria.wordpress.com

+39 380 658 1814

Por Meio da Sua Palavra

Lauana Doria

lauanadoria@hotmail.com

16 O RESGATE DA IDENTIDADE

Por Lauana Doria Scaramella

No século XXI, em meio à dança das culturas e crenças, surge um fenômeno global. Um chamado urgente para (re)descobrir nossa identidade em um mundo que celebra a diversidade como nunca antes. Este fenômeno, que abraça a individualidade no seio da multiplicidade, despertou meu interesse e incendiou minha paixão por explorar este tema em minhas escritas.

Ao longo dos séculos, pensadores e filósofos ilustres contemplaram a questão da identidade. Como ecoou Hamlet, no monólogo icônico da peça homônima de Shakespeare: "Ser ou não ser, eis a questão", uma pergunta que atravessa as eras e se enraíza em nossas almas, agora mais do que nunca.

Vivemos em meio a mudanças aceleradas e uma diversidade cultural abundante. A busca pela identidade pessoal é um reflexo dessa complexidade, um labirinto de influências e escolhas que, às vezes, nos desvia de nossa verdadeira essência e raízes.

Mas, o que realmente compõe a identidade humana? É um mosaico de traços distintos que nos tornam únicos, que nos distinguem em um mar de indivíduos, grupos e civilizações. É a essência do ser humano, entrelaçada com sua origem e sociedade.

Nossa origem e identificação pessoal desempenham papéis vitais em nossa sociedade contemporânea. Documentos como a carteira de identidade e a certidão de nascimento validam nossa identidade perante o mundo. No entanto, na sociedade atual, muitos enfrentam crises de identidade por diversas razões. Ao longo da vida, independentemente da idade, nos deparamos com momentos profundos de questionamento sobre quem somos e nosso propósito. Enfrentar essas crises é uma jornada árdua, com cada estágio trazendo desafios únicos que nos fazem entender a necessidade de resgatar a nossa própria essência. Minha história pessoal é um exemplo disso. Compartilho minha jornada de crise e autodescoberta, mesmo com uma vivência de fé e experiências com Deus, que teve início quando aceitei Jesus Cristo como meu Salvador com apenas 8 anos de idade. Experiências de infância e traumas moldaram minha visão de mim mesma, desafiando minha conexão com minha verdadeira identidade. Somente na vida adulta, através de um encontro extraordinário com a graça, pude entender minha origem e propósito. Anos de rejeição e o fardo de agradar a todos para ser amada finalmente me levaram à percepção de minha identidade celestial. A origem é o nascimento de uma nova vida, e também a ligação com nossa naturalidade e ascendência. Este processo de cura é genuinamente transformador.

Navegando pela Palavra e dedicando-me à oração, ao estudo e ao autoconhecimento, embasada por referências bíblicas de pessoas que também enfrentaram crises de identidade nos tempos da bíblicos, Deus trouxe cura às minhas emoções, mente e coração. Por isso, compartilho com você, leitor, este breve vislumbre do livro em que estou imersa: "O Resgate da Identidade".

O processo de reconquistar minha identidade começou quando comecei a entender minhas raízes, que não necessariamente se conectam com minha família. Vindo de um lar desestruturado, marcado por questões familiares como divórcio, conflitos e traições, a jornada para redescobrir quem sou foi desafiadora. A ausência de validação e o abandono materno desencadearam uma série de desafios emocionais em minha vida.

Cada indivíduo é singular, com uma identidade inestimável. Aqueles que enfrentaram a rejeição na infância podem desenvolver mecanismos de adaptação para lidar com as cicatrizes emocionais. No entanto, muitos enfrentam consequências profundas, como:

- sensação de não pertencimento;
- vulnerabilidade às críticas;
- luta para sentir-se triunfante, mesmo em meio ao sucesso;
- ansiedade debilitante e insegurança;
- tendência à hostilidade e agressividade;
- dificuldade em construir relacionamentos seguros, devido ao medo persistente da rejeição;

- desafio para estabelecer limites claros;
- inclinação a buscar gratificação imediata e escapar da realidade por meio de vícios, como drogas, álcool, jogos e pornografia;
- complicações nos relacionamentos interpessoais;
- desenvolvimento de vícios emocionais;
- autocrítica implacável;
- um fardo físico e emocional esmagador;
- a internalização de uma imagem negativa de si mesmo, sentindo-se indigno de receber o amor; e
- a incessante busca por reconhecimento e afeto, criando um ciclo infindável de busca por aprovação, mas nunca alcançando a satisfação completa.

Um ou mais desses aspectos podem corroer a autoestima, deformar autoimagem.

Em resumo, as experiências de rejeição na infância podem lançar sombras duradouras sobre a vida adulta e perpetuar-se por gerações. Pais que não tiveram suas próprias identidades validadas e enraizadas, e que também enfrentaram o peso da rejeição, sem passar por um processo de cura, podem ser incapazes de fornecer essa validação a seus filhos. O caminho para a cura e a restauração envolve a busca pela superação dessas feridas por meio da fé e da reinterpretação das experiências passadas. Devemos esquecer o que ficou para trás e seguir em direção a um novo tempo de cura e restauração, encontrando nossa verdadeira identidade enraizada no amor de Deus através de Cristo Jesus.

Nossa origem é verdadeiramente celestial e inabalável, pois fomos criados à imagem e semelhança de Deus.

Quando Ele moldou toda a criação, pronunciou as palavras "Haja", mas, ao criar o homem, Ele disse: "Façamos conforme a nossa imagem e semelhança". Nesse momento, a presença do Pai, do Filho e do Espírito Santo resplandeceu. Aleluias!

Gênesis 1:26-28 nos recorda que Deus criou o homem a Sua imagem e semelhança, homem e mulher. Abençoou-os com a missão de serem fecundos, multiplicarem-se, preencherem a terra e dominarem sobre todas as criaturas terrenas. Deus nos destinou ao governo sobre a Terra e Sua criação, esse era Seu plano original para nós. Ele nos ofereceu uma vida "zoe," que representa a vida de Deus em nós.

No entanto, o problema de identidade começou no Éden, quando Eva optou por acreditar nas mentiras da serpente em vez da verdade de Deus. Desde então, o inimigo tem perpetuado suas mentiras por gerações, causando experiências amargas, feridas emocionais e traumas diversos.

No entanto, Eva e Adão já eram, desde o início, a imagem e semelhança de Deus. Mas foi justamente essa verdade que a serpente colocou em xeque.

"Então, a serpente disse à mulher: Certamente não morrereis. Porque Deus sabe que, no dia em que dele comerdes, se abrirão os vossos olhos, e sereis como Deus, sabendo o bem e o mal." (Gênesis 3:4-5)

Atualmente, vemos pessoas perdidas, buscando identidades que divergem de quem realmente são, desejando ser algo que não foram destinadas a ser, seja trocando gêneros, aspirando a serem animais ou adotando outras identidades peculiares. A internet é um espelho dessa triste realidade.

A verdade é que o que pensamos e sentimos sobre nós mesmos é mutável, variando com base nas circunstâncias e sentimentos e também nas mentiras que permitimos que nos afetem. Contudo, há uma verdade eterna, inabalável e digna de aceitação que reside na Palavra de Deus. Essa verdade é a base sólida que podemos abraçar, independente das mudanças passageiras e das ilusões que a vida nos apresenta.

Minha identidade foi resgatada pela palavra de Deus; Jesus não apenas restaurou minha essência, mas também minha história. Antes, ela estava repleta de rejeição, autocomiseração, traumas e dores na alma. Houve momentos em que pensei que não conseguiria suportar. Quando perdemos nosso sentido de identidade e propósito, enfrentamos um vazio existencial e perdemos o prazer de viver.

Minha jornada foi repleta de desafios, mas também de promessas divinas maravilhosas. No entanto, eu não conseguia alcançá-las porque não internalizava a palavra de Deus a meu respeito. Caro leitor, é essencial apropriar-se das verdades na Bíblia sobre nós e basear-se no que Cristo Jesus conquistou por meio de Seu nascimento, morte e ressurreição.

Em 2021, em plena pandemia de covid-19, encontrei a graça e a capacidade de viver na nova Aliança, mesmo enfrentando uma batalha judicial por fraude e um ciclo de rejeição, enquanto minhas emoções estavam em caos. Deus Se revelou por meio de Sua palavra, me conduzindo a refletir sobre a parábola do filho pródigo, Mefibosete e outros. Estou ansiosa para compartilhar essas verdades valiosas contigo. Acredito que você irá se beneficiar com as lições que Deus me trouxe por meio da vida desses homens. Por ora, irei compartilhar, neste capítulo, sobre a história de Mefibosete.

"Assim como um homem pensa em seu coração, assim ele é", conforme Provérbios 23:7a, essa sábia passagem nos recorda da influência do pensamento sobre a nossa essência.

Em um cenário marcante, Mefibosete, pertencente à linhagem real como filho de um príncipe e neto do Rei Saul, viu sua visão de si mesmo deturpada pelos traumas e perdas que enfrentou, levando-o a se considerar como um cão morto, incapaz de se ver digno de sentar à mesa real.

Um paralelo surge na história do filho pródigo, que, a princípio, ciente de sua herança, deixa a casa como filho, mas, após uma vida dissoluta, retorna ansiando apenas ser um servo. O filho mais velho, por sua vez, se via como escravo, privando-se das bênçãos da casa do pai, conforme o relato em Lucas 15:11 ao 32.

Contudo, a mensagem central é clara: o amor de Deus é o selo de nossa verdadeira identidade. Não importam as perdas, os traumas ou o abismo do pecado em que possamos nos encontrar. Sim, uma vida na prática de pecados, traumas e perdas pode deformar nossa identidade, mas o amor de Deus, manifestado através de Cristo, resgata essa identidade, nos tornando filhos amados e justificados não por mérito nosso, mas de Cristo Jesus.

Meu desejo e oração é que você possa se enxergar e compreender sua verdadeira identidade, desfrutando de todas as ricas bênçãos disponíveis como filhos, feitos a imagem e semelhança de Deus, como uma geração sacerdotal, de reis e profetas. Deus vós abençoe abundantemente!

“O amor de Deus é o selo da nossa verdadeira identidade.”

Lauana Doria Scaramella

Miss. Layla Barreto

Bem-vindo, caro leitor, no meu espaço. O prazer é todo meu de te receber aqui!

Sou a missionária de campo Layla Barreto. Tenho 36 anos e sou casada há 12 anos com o pastor Anderson Barreto. Temos dois filhos, Samuel e Davi, e residimos na Itália, pertinho de Milão.

Formada na Jocum, teóloga, escritora e técnica de enfermagem. Desde muito cedo, sempre tive o gosto pelas palavras, eu amo escrever e creio na conexão. Eu me sinto com asas que amam voar, conhecer culturas, pessoas, como uma águia determinada a voar na direção do seu propósito, objetivo. Permita-se conectar e saber o quão alto você pode voar. Não tenha medo de voar nas asas do Espírito Santo. É tão seguro! Depois que aprender a voar, você certamente não vai mais querer parar!

Layla Barreto

+39 320 715 4767

Layla Barreto

17 FORTE E CORAJOSA

Por Miss. Layla Barreto

A palavra conexão deriva de ligação, união, vínculo e dependência. Essa conexão começou desde o princípio, quando o Senhor declara: "façamos o homem a nossa imagem, conforme a nossa semelhança" (Gênesis 1:26). Em criar o homem, então se percebe que, já desde esse momento, a Sua criação teria uma definição estabelecida.

Conexão com a qual o próprio Senhor se conectou com o homem; depois, com a mulher; e então com a sua natureza. Para você se conectar, antes de tudo, você vai precisar se conectar diretamente com o Senhor, o seu Criador. É através dEle que você vai se descobrir, ter autoconhecimento e sua identidade definida para, então, saber onde e com quem você poderá se conectar.

Tem muita gente se conectando por interesse, por inveja, por dinheiro, por ambição, para se promover, se destacar, se fazer conhecido e depois acaba caindo, se destruindo, sozinho pelas más conexões, pelas más intenções. Chegou o tempo que o próprio Deus intervém na linhagem de Jeremias com o objetivo de se conectar com ele, mesmo ainda antes do ventre de sua mãe. Assim como Jeremias, quem sabe se somos nós que realmente não fazemos a ideia de quem somos e de quem Deus é? Quantos anos tinha Jeremias quando o próprio Deus se revelou e desejou se conectar com Ele? Os estudiosos dizem entre 14 e 15 anos, ou 20 anos, um jovem que Deus chama para um propósito, uma chamada profética, e se responsabiliza sobre ele em tudo, em troca de falar o que o próprio Deus revelar. Conectar significa isto: se ligar, se unir, gerar um vínculo dependente entre você e o teu Criador. O profeta chora, Jeremias foi um profeta que muito sofreu, mas o quanto Ele teve Deus ao Seu lado, quanto descobriu de Deus, é um privilégio servir a Deus, ser amigo de Deus, fazer parte dEle, Deus quer se conectar com você.

E para isso não depende da idade, da sua condição financeira, da sua linhagem, do seu conhecimento ou do tempo, mas de sua fé. Na jornada de Jeremias, o que o manteve firme cumprindo a chamada foi o seu espírito quebrantado, humilde e apoderado do Espírito Santo de Deus, a verdade revelada de quem é Deus.

Abraão tinha 75 anos quando o Senhor o chamou para um sair de seu convívio, do seu ambiente, da sua comodidade, do ceio da sua família para ir para um lugar que ele não fazia ideia de onde era e do que poderia enfrentar, e eu me pergunto: "Senhor, como Abraão confiou em Ti, sem Te conhecer de perto, creio de ouvir falar? Não sei! Mas o que gerou nele essa convicção de ir sem olhar pra trás? Você não vê Abraão sentindo falta, reclamando e arrependido, você vê Abraão numa conexão profunda e fiel com o dono do Céu. Deus tem isso para nos oferecer, uma íntima comunhão, com prova de fidelidade.

Nenhuma conexão existirá só de uma parte, a conexão precisa do encontro consentido de ambas as partes.

Deus está chamando homens e mulheres para se conectarem, independentemente de como a vida deles esteja. O Senhor te chama pra se encontrar com Ele, Ele quer se revelar, Ele te ama de uma forma incondicional, te ama para te fazer o bem e conta conosco para lutar contra as ciladas do mal, contra as investidas do diabo, contra a destruição, contra a matança, contra o engano, as mentiradas que ele persuade na mente da humanidade. E para se religar, o único caminho é aceitar o sacrifício da Cruz de Cristo, se arrepender de suas más obras, de desejar conhecer a verdade para que ela te liberte e você viva. Deixa Jesus ser teu Salvador e se tornar o seu único e suficiente. Qual é o teu destino hoje? Para onde está indo? Qual conexão você precisa fazer?

Eu, quando vim para Cristo, vim como um ramo seco, sem vida, um galho frágil, inútil, sem nenhuma expectativa de vida ou de futuro, eu já não tinha motivo para viver e eu só tinha 19 anos! Como pode uma menina, na Itália, nova, linda, com uma vida pela frente, sem expectativa nenhuma?

Acontece e aconteceu comigo. Não é a idade que pode te levar a algum lugar, é a sua conexão que vai definir o seu futuro. Há pessoas que passam por nossa vidas e nos sugam, nos arrasam, nos definham, enquanto outras passam e nos dão vigor, amor, nutrição. Há, ainda, as que nos desprezam, zombam, ameaçam, e eu não sei a quem você está conectado neste momento, mas venha provar, venha se conectar.

Quem confia em Deus não permanecerá confundido, envergonhado, desprezado, solitário, injustiçado, difamado; será instruído para coisas firmes, sólidas, inabaláveis!

Deixe o Espírito Santo destravar a sua vida e permita-se viver algo novo, glorioso, único, maravilhoso! Eu sou aquela que tem perseverado e vivido coisas sobrenaturais, eu sou aquela que tentou se destruir por não ver futuro mais, e que hoje tudo que quero e tenho vivido é conforme a vontade de seu Deus, eu sou aquela lembrada pelo poder que só Deus poderia fazer!

Eu sou aquela que, mesmo sem "conexões" com pessoas que poderiam me levantar, não desistiu, mas persistiu crendo e confiando na voz do Seu Deus, que trás até nós conexões que nos levam além de nossas expectativas, conexões que nos honram e que respeitam a nossa história, conexões que a meta será uma só: a de glorificar, exaltar, engrandecer ao Senhor!

E, certamente, com você não será diferente. Ore, ore agora, ore até que aconteça o que Deus tem revelado ao seu favor, e se ainda não foi revelado, ore pedindo, ore crendo e Ele se revelará!

Você está pronto, caro leitor, para viver conectado com o teu Senhor? Então seja forte e corajoso. Um destino, uma meta, uma conexão!

Quero testemunhar, compartilhar e entregar uma chave a você, leitor. Há 15 anos que estou na presença do Senhor, servindo com todo o meu ser. Sempre obtive vitórias, principalmente sobre minhas decisões pessoais. Suas decisões só cabem a você mesmo tomar, e elas são chaves que mudam a rota do seu destino. Quando você se posiciona, quando você se domina, pensa por você, decide sem influência, e eu digo isso em relação às influências terrenas, você precisa entender que sem a dependência em Deus você nunca irá avançar, em qualquer área da sua vida. Você precisa buscar amadurecer, e o amadurecimento só acontece quando você se posiciona, deixa fluir, abre mão. O poder do soltar pequenas decisões e até mesmo as maiores abre caminhos novos e sem volta. Quando você persiste em pessoas, trabalhos, coisas que já não te pertencem mais, você se torna refém, mas quando você solta tudo aquilo que já não faz mais parte para você e sua vida, certamente está pronto também a se libertar do que não se pode remendar!

Mateus 9.16: Ninguém coloca remendo novo em roupa velha; porque o remendo força o tecido da roupa, e o rasgo aumenta. Veja bem o perigo de preferir remendar a soltar. Você lida com a frustração, a teimosia, a dependência, gera estragos e lacunas que podem chegar à alma. Há situações que podem ser cortadas antes de se remendar, mas a teimosia, o tentar só mais uma vez, vai cegando ou rasgando lentamente, e muitas vezes acaba minando a chance de volta. Não espere chegar a remendar mais; procure avaliar se vai valer a pena. São travamentos que te impendem e inibem seu crescimento, seu amadurecimento, sua estabilidade. Comece destravando você mesmo do que vale a pena ficar ou sair.

Este ano eu determinei na minha vida colocar nãos e uns sins onde são necessários, e foi a partir daí que eu pude desfrutar de um crescimento. Antes, eu só fazia chorar, me lamentar, me entristecer, caminhava cabisbaixa, tudo isso por ficar calada, suportar coisas que não eram pra mim. Então passei a dar pequenos cortes, e o Espírito Santo foi me auxiliando para que eu pudesse cortar remendos antes mesmo que se rompessem, e lá fui eu dando cortes em parentes, irmãos, no trabalho, na igreja, enfim. Hoje já estou vendo grandes resultados externos e internos, principalmente internos, já que eu chegava a ficar de cama por tamanha tristeza e me questionando dos porquês. Isso foi tão destravador na minha vida que hoje eu tenho saúde emocional, porque detectei problemas que eu não precisava ser responsável, passei a não tomar mais dores de outras pessoas, eu aprendi a me respeitar e a me dar respeito, aprendi a falar menos, opinar para quê? Não é minha chamada opinar na vida de ninguém. Aprendi a ouvir, a me poupar, me guardar e, principalmente, a estar em lugares onde de fato eu sou bem-vinda, amada e aceita, e não tolerada.

Caro leitor, cuide de você mesmo, se ame primeiro, se respeite, fale, ouça, gaste teu tempo para tudo aquilo que valer a pena, não gaste energias que irão só te prejudicar, o Senhor não quer que você se gaste, o Senhor quer que você multiplique coisas boas, e para isso você precisa do seu espaço, se conhecer, compreender você em Deus primeiro para fluir de forma correta. Certamente, você tem muito para dar, então não permita que o inimigo cale sua voz, que impeça seus pés de serem o que Deus quer que você seja.

Que essa chave do amor-próprio possa destravar sua vida, para que você possa viver o melhor de Deus. Não é mentira quando Deus te chama de sua menina, geração eleita, então não se diminua para caber em algum lugar, não aceite menos do que ser tratada dignamente com uma coroa na cabeça e também não desça a um nível baixo para que sua coroa caia. Você tem um Pai que é dono de um Reino, o qual Jesus foi preparar morada exclusiva para você morar e te chama como bendita de Seu Pai, então não troque esse seu lugar, não troque essa presença, não negocie, mas lute como um bom soldado!

Senhor Jesus, glórias te damos, tenha liberdade, Espírito Santo que comigo aqui está, para me conduzir nesse projeto ao qual o Senhor me conectou usando a minha amiga pastora Mirtes que muito estimo para me conectar até chegar a esse caro leitor escolhido, muito amado do Senhor, que este projeto gere vida, libertação, poder, unção para impactar e reeconectar outras vidas.

Deus te abençoe!

“Comece destravando você mesmo do que vale a pena ficar ou sair da sua vida!”

Miss. Layla Barreto

Pra. Livia Fernanda

Sou Livia Fernanda, filha de Luiz Fernando Soares e Doralice Francisca da Silva Soares. Sou pastora do Ministério Chamados por Cristo em Nova Iguaçu/RJ, Brasil. Casada com Hamilton, mãe do Douglas e das gêmeas, Livia e Hallana, e da Rhayssa, minha enteada. Sou uma serva do Altíssimo que decidiu cumprir o chamado e se dedicar à obra de Deus. "Eu disse: eis-me aqui, Senhor, envia-me a mim" (Isaías 6:8).

Hoje, essa é minha realidade, porém minha história nem sempre foi assim. Te convido então a se conectar comigo e, durante a leitura deste livro, baseado na história bíblica de Rute, vou te contar como tudo começou.

"O teu povo é o meu povo, e o teu Deus é o meu Deus" (Rute 1:16). Sugiro a você que leia os quatro capítulos de Rute.

pastora_livia_fernanda

Gêmeas Livia e Hallana

+55 (21) 98269-5352

Livia Fernanda Pastora

gemeasliviaehallana@gmail.com

Gêmeas Livia e Hallana H&L

18 A ESCOLHA CERTA TE POSSIBILITA VIVER A PROMESSA

Por Pra. Livia Fernanda

"E sucedeu que, nos dias em que os juízes julgavam, houve uma fome na terra; pelo que um homem de Belém de Judá saiu a peregrinar nos campos de Moabe, ele, sua mulher e seus dois filhos." (Rute 1:1)

Assim como na cidade de Moabe estavam pessoas que não tinham o conhecimento de quem era Deus, assim estava eu, me entregando às bebidas alcoólicas, servindo a outros deuses, sem conhecimento de Deus e sem a Salvação em Cristo, Jesus.

Não tive a oportunidade que muitos tiveram de nascer em um lar evangélico, porém meus pais me ensinaram a ser uma pessoa de caráter, por isso louvo a Deus pelos pais que tenho.

Infelizmente, não consegui evitar que eles se separassem na minha infância, e isso, de uma forma geral, me abateu muito, por achar o casamento dos meus pais um casamento perfeito. Nunca vi meu pai gritando com minha mãe ou sendo rude com ela, e vice-versa, a lembrança que tenho da infância é meu pai chegando com um Chokito para mim e para o meu irmão e um Prestígio para minha mãe. Aos domingos, nos sentávamos à mesa para o café, assim como na hora do almoço, e as noites de domingo eram em família, vendo "Os Trapalhões".

Muitas coisas aconteceram entre a separação dos meus pais, dos meus 8 aos 23 anos, quando embarquei no mundo do funk, mas Deus disse chega, me dando a oportunidade de mudar a minha história. A chance é Ele quem dá, mas a escolha tem que ser nossa.

Em um dia ensolarado, Hamilton entrou pelas portas da loja de material de construção onde eu trabalhava e nossos olhos se encontraram pela primeira vez. Fecho os olhos e ainda consigo ver nitidamente aquele momento. Ali começava uma nova fase da minha vida, depois de muitas lutas e choro, como, por exemplo, o choro pela perda de um noivo e o choro pela viuvez do pai do meu primogênito, páginas de outro livro que ainda precisa ser escrito.

Enquanto ainda amigos, Hamilton me apresentou a Jesus, e sua mãe (a pastora Sebastiana) me ensinou como permanecer na presença de Cristo mesmo em meio às adversidades, e eu permaneci!

Aceitei Jesus com 23 anos, na Primeira Igreja Pentecostal da Promessa, liderada por ela. Sim, uma pastora. Lembro-me quando, no final do culto, ela segurou minha mão e disse: "Não vá embora, fica aqui!". Enquanto me dedicava 100% aos grupos de louvores da igreja, não faltando aos ensaios e levava meu filho comigo. Hoje, ele toca bateria, baixo, teclado, guitarra e violão.

Certa vez, quando ele tinha 5 aninhos, um dos ensaios acabou bem tarde e ele acabou adormecendo no caminho de volta para casa, caindo na rua da garupa da bicicleta que meu pastor me emprestava. Passamos por lutas, mas conseguimos vencer.

Durante 14 anos, servi a Jesus nessa casa espiritual e sai de lá quando eu e meu esposo abrimos nosso Ministério, que deveria ser uma filial, porém, no meio da trajetória, a pastora autorizou que a Igreja Chamados por Cristo se tornasse uma matriz. Foi a confirmação do que Deus já havia nos revelado.

Aquela que todos diziam que não entendia nada de música estudou dois anos e meio de teclado na Escola de Música Villa-Lobos, em Paracambi, no Rio de Janeiro, fazendo parte do coral Vozes do Villa, tornando-se musicista.

Deus viu tudo que eu passava e minha luta para não desistir. Eis que, passado um tempo, uma amiga me apresentou um músico, João Paulo, o Fofão (*in memoriam*). Naquela época, Deus me dava letras de hinos que eu anotava em uma agenda, até que, um certo dia, Fofão me pediu para cantar um dos meus hinos. Cantei e ele gostou! Tanto que gravou a música e a colocou em um CD. Fofão virou um baixista conhecido e tocava baixo na banda de uma cantora gospel muito conhecida. Ele quase não parava no Brasil, mas, sempre que ele tinha uma folga, passávamos a noite toda no estúdio.

Dez longos anos se passaram, e acho que fazíamos juntos ao menos uma música por ano. Ele estava muito feliz, tinha conseguido a casa própria para sua mãe e, na mudança, teve que desmontar todo o estúdio, contudo, antes mesmo que ele conseguisse montá-lo novamente, o mau dia chegou, e recebi a triste notícia de que meu amigo havia sido acometido de um derrame. Infelizmente não conseguiram socorrê-lo a tempo e, aos seus 40 anos, Fofão nos deixou. Foi muito triste a despedida daquele rapaz que nós todos amávamos.

Eu enterrava um amigo e o sonho de gravar o meu CD, mas os pensamentos de Deus são maiores que os nossos, e Ele tinha algo preparado para mim. Os convites para ministrar nas igrejas começaram a surgir e Deus me enviou uma mensagem (perdão e restauração, a boca do Senhor disse isso) e me falou que me levaria a vários lugares para ministrar essa palavra.

Louvando em uma igreja, o pastor Jorge (*in memoriam*) entregou-me uma profecia: "Tu vais engravidar e será uma menina, e ela abalará as nações através do louvor".

Deus sabia que eu não queria ter mais filhos, que já estava satisfeita com Douglas e Rhayssa, porém, Ele nos usa da maneira que quer, como e quando Ele quer, e Ele usou o meu ventre para que o nome dEle fosse glorificado. Por minha vergonha e afronta, Deus me deu dupla honra, achou que uma criança era pouco, então ungiu meu ventre e me deu gêmeas! Hoje, elas tocam teclado, violão e bateria. Deus faz infinitamente mais! Você pode até pensar em quantas perdas há no caminho – e, sim, tive várias perdas de pessoas que eu amava, mas nunca desisti de caminhar.

Assim como Rute, que também perdeu seu sogro, seu cunhado e até seu marido, mas não desistiu, continuando a lutar e a trabalhar no campo, eu não desisti, e você também não deve desistir, pois existem pessoas que dependem de você. O tempo, as dores e as perdas deixaram Noemi tão amarga que ela pediu que a chamassem de Mara (que significa amarga). Penso que não deve ter sido fácil para Rute aturar tanta amargura por parte de Noemi, que sempre a mandava embora. Sua cunhada Orfa beijou Noemi e foi embora, mas Rute decidiu ficar.

Minha amiga pastora Helena Raquel, em seu livro "Libertando a alma – a jornada do perdão", escreveu: "quem abandona as pessoas no momento mais difícil da vida delas está revelando o caráter que tem". Rute nos ensina sendo fiel, e ainda que Noemi não aceitasse no início o amor dela, Rute cumpriu sua promessa. "O teu povo é o meu povo, e o teu Deus é o meu Deus" (Rute 1:16).

Fui convidada para ser líder de uma missão internacional no Paraguai, na cidade de Carpiatá. Sabia que todos os lugares por onde eu passava não eram sobre mim, e sim sobre a promessa de Deus na vida delas. Meu amor pelo campo missionário só aumentava, e recebi o convite para ministrar na Bolívia, sem me esquecer que a prioridade sempre foi o evangelismo de rua. Minhas filhas, com 13 anos, ajudaram no culto infantil e cantaram na Tribo Terena, em Miranda, no Mato Grosso do Sul, e na Bolívia, na cidade de Puerto Quijarro.

Em novembro de 2022, tive o convite de uma irmã em Cristo para levar a caravana avante à Argentina, acompanhando uma outra missão. Estávamos radiantes até chegarmos à fronteira e saber que eu precisava de uma autorização do meu esposo para que nossas filhas pudessem atravessar. A administração não me avisou e nós nem nos atentamos para isso, de modo que fomos paradas na fronteira, acolhidas por uma família abençoada em Uruguaiana e lá ficamos, esperando a liberação. Eles precisavam estar em um culto no Uruguai e nos levaram, meu Deus! Estávamos agora em outro país, pisávamos em solo uruguaio! Cantamos, ministramos a Palavra de Deus... Resultado? Almas para Jesus!

Rute também saiu de Moabe e voltou para Belém com sua sogra, mas já estava tudo preparado para sua vitória. Note que há adversidades em nossas vidas, que, enquanto estamos vivendo, não entendemos, porém, elas estão nos direcionando para o propósito de Deus, para nos dar o melhor dessa terra. Rute não sabia que, enquanto estava trabalhando, havia alguém lhe observando. "O vosso trabalho não é vão no Senhor" (1 Coríntios 15:58).

Aprendemos em cada detalhe, observe o significado dos nomes.

1° Rute (companheira); Malon (doente)

Independentemente de quem está ao seu lado, o significado do seu nome não muda, Malon é doente; Rute, não! Você é uma mulher que destrava destinos, foi chamada por Deus, não deixe que ninguém te adoeça! Posicione-se, é tempo de trabalhar nos campos!

2° Orfa (aquela que vira as costas); Quiliom (o que falha)

Em sua trajetória, você irá se deparar com essas duas classes de pessoas, os que falham e os que te beijam, porém viram as costas no momento que você mais precisa. Não se lamente por causa dos que falharam e foram embora, eles não estavam escritos na lista que Deus fez para se assentarem na mesa de honra que Ele irá te colocar. Em tudo, dai graças, avante!

3° Noemi (suavidade): ela se intitula Mara (amarga)

Quem é você em meio às perdas? Torna-se uma pessoa amarga ou se permite não perder sua identidade? Pense nisso!

Rute não aceitou ser como as pessoas que estavam a sua volta, ela decidiu ser ela mesma e, quando isso aconteceu, Deus a apresentou a Boaz, que significa rapidez e força.

Foi quando eu decidi que nada nem ninguém me pararia, que eu viveria o propósito de Deus na minha vida.

Nesse momento, estou vivendo o meu Boaz, a rapidez e a força de Deus, trazendo alegria, após tanto choro, Ele tem enchido a minha boca de riso e fará isso com você também. Medite em Salmos 126.

Deus ungiu minhas filhas a missionárias, todos os meus filhos são herança do Senhor, e no ano 2023 elas lançaram sua música pela gravadora w.music, com o produtor Wellington Corrêa, no canal das gêmeas Livia e Hallana (música: "Salvos pela Graça").

Essa é a verdade da minha vida, fui salva pela graça, perdoada por Deus e enviada às nações para ministrar a Palavra dEle, para que outras pessoas tenham a mesma oportunidade que eu tive.

Sempre existirá uma Rute que não tem o conhecimento de Deus e que precisa da Salvação em Cristo, Jesus. Seja você o canal usado por Deus. Levante-se! Não importa o seu passado, Deus escreveu uma nova história em minha vida, apagando o meu passado e jogando no mar do esquecimento, e Ele escreverá sua história também. "Onde o pecado abundou, superabundou a graça" (Romanos 5:20). Seja livre! Lembre-se: Jesus está voltando, viva de maneira que, quando a trombeta tocar, você ouça o seu nome ser chamado.

"Chegou o tempo das promessas de Deus se cumprirem na tua vida, creia nisso! "

Pra. Livia Fernanda

Márcia Caremma

Sou Márcia Caremma Fernandes da Costa Fortunato. Nasci a 12 de Abril de 1984, em Lisboa, Portugal. Esposa de Kanhamena Fortunato e mãe do Vítor Emanuel.

Mestre em Gestão de Negócios Internacionais pela London Metropolitan University e Formadora de Formadores, actualmente Coordenadora de Projectos em um grupo empresarial em expansão.

Sou cristã professa e baptizada nas águas. Cultora da partilha de conhecimento, detentora de reconhecido domínio pela oratória e com enorme paixão pela escrita. O espírito de partilha e a busca de sabedoria alavancaram as minhas contribuições em prol do desenvolvimento da sociedade e do meu próprio desenvolvimento humano, através de Coaching, Teologia, Inteligência Emocional, Desenvolvimento Humano e Formação de Formadores.

Hoje, dirijo o meu próprio programa "The Real Talk – Boleia Matinal", transmitido via plataforma digital.

boleiamatinal_marciacaremma

therealtalk_marciacaremma

19 TODOS OS VALES TÊM PROPÓSITO

Por Márcia Caremma

Durante muito tempo, questionei-me sobre o propósito que tinha nesta terra. Comecei muitas coisas que não terminei, andei, corri e percorri vários trilhos em busca da resposta certeira, usando tudo o que tinha como conhecimento, até ao dia em que se fez luz (...) houve luz (Génesis 1:3) e segui firme e forte por essa luz. Gostando muito de falar, partilhar e ensinar, abri a porta a Alguém cuja voz ouvi (Apocalipse 3:20) e por quem tinha sido o meu propósito traçado.

A partilha com o mundo foi crescendo, e tendo sempre como pano de fundo a Palavra de Deus, viajávamos matinalmente todos juntos por várias mensagens até os nossos destinos. Surgiu assim o programa "Boleia Matinal", que deu origem a esta obra escrita, um livro cheio de histórias vividas por mim em primeira pessoa e testemunhos de outras pessoas que muito me impactaram, dando origem a grandes ensinamentos que certamente você se identificará, mas nem sempre foi assim, com flores e mensagens matinais com muita alegria e inspiração. Nem sempre foi com vontade de querer estar em live no Instagram, a falar para as pessoas, nem sempre foi a pensar em Deus e no propósito que Ele tinha traçado para mim, nem sempre foi com a maior das disposições para estar ali, naquele carro em andamento (muitas vezes sem destino correcto), nem sempre quis fazer o que o Espírito Santo ordenava. Não! Não! Não!

Andei perdida, durante um determinado tempo da minha vida e em certas etapas achava que já não haveria retorno possível. Achava que não havia mais solução para o meu caso, e que nem Jesus seria capaz de me defender como Bom Advogado (1 João 2:1). Entreguei as minhas pérolas aos porcos (Mateus 7:6) e deixei que eles as usassem de forma gratuita. Não dei valor ao que de melhor Deus tinha colocado dentro de mim e deixei-me levar pelos elogios a um corpo que estava vendido ao terreno do diabo e ele dava festas em meu nome por causa disso.

Foi uma jornada longa com inúmeras paragens, mas aqui eu não dava boleias matinais a ninguém, eu é que ia pelas boleias noturnas do mundo das trevas e fazia um "pit stop" em todas elas. Foi da pornografia e perversidade às bebedeiras; da violência doméstica à traição; da falta de amor-próprio à falsa autoestima; da promiscuidade e fornicação à prostituição do corpo; da adoração à astrologia à idolatria aos santos; das simpatias e idas à casa da curandeira à leitura de cartas e bolas de cristal; dos sete banhos para protecção ao toque abusivo do (falso) profeta para libertação; do roubo à mentira; do desrespeito total por mim mesma à falta de temor a Deus, fui caminhando como um ser errante consciente, até bater com os joelhos no chão e perceber que essa era a única posição que me traria redenção e reconciliação com aquEle que me conheceu antes de me carregar a minha mãe (Jeremias 1:5).

Cheguei a pensar que o deus que me apresentara a minha mãe, que foi apresentado pela mãe dela quando ninguém conhecia a verdade, tinha reservado para mim um combo de humilhação e derrota que vinha com a sobremesa podre do fracasso e do abuso eterno. Das idas e vindas, das peregrinações às casas onde as santas e os santos eram idolatrados, dos altares montados com as fotografias de toda a família, foi um longo percurso feito num deserto que muitas vezes parecia interminável e outras vezes parecia a nossa sina, onde a sede e a fome por aquilo que não sabia definir eram cada vez maiores e eu precisava preencher esse vazio com alguma coisa.

Foram momentos sufocantes! Foram momentos dolorosos!

No final de todos esses momentos, vinha ao de cima o "eu" que Deus tinha desenhado (Génesis 1:26) e escorria pelo meu rosto, saindo dos meus olhos, vindo directo do âmago do meu coração um rio de águas puras que tinha um sabor amargo, mas que aliviava e limpava a minha alma vazia. Foi chorando que eu consegui perceber que havia uma Água que me aguardava para o "verdadeiro banho" (Atos 2:38-39), uma Água que preencheria todo o vazio no meu peito, uma Água que purificaria e "mataria" toda a minha sede (João 7:37-38), uma Água que recebeu o meu corpo, que era escritório do diabo, e trouxe-o à vida como nova, esplendorosa e fez de mim Nova Criatura (2 Coríntios 5:17), trouxe a minha verdadeira identidade preenchendo todo o vazio que eu sentia, libertou-me (João 8:32) e transformou a minha vida num testemunho de muitas páginas.

Março de 2014 foi o início de uma nova história escrita pelo dedo de Deus. Aí começava a minha verdadeira peregrinação pelos desertos da vida, a verdadeira vida, com Cristo Jesus. Entre curas da alma, jejum sequíssimo e trabalhos longos de libertação pelos laços da maldição hereditária, percorri o alfabeto do mundo espiritual, de A a Z, num ápice. Cheguei a lugares que jamais pensaria entrar. Descobri coisas que jamais pensei que pudessem existir e tive encontros directos com o mundo das trevas que se manifestavam de dentro para fora, bastando ouvir a mais poderosa declaração jamais pronunciada por mim no passado, "Em nome de Jesus" e todos aqueles lugares escuros eram completamente destruídos!

Foi esse Jesus que marcou um encontro comigo todos os dias, à mesma hora. Era com Ele que eu apanhava as melhores boleias matinais. Só Ele sabia o que eu queria e só Ele era capaz de trazer o que eu precisava. Na presença dEle eu não precisava mentir ou fingir. Na presença dEle eu chorava, eu sorria, eu dava gargalhadas, eu pulava e até corria (faço até hoje)! Ninguém consegue resistir à presença dEle (Salmos 16:11). Jesus é tão palpável que, quando Ele chega, não há sombra de dúvidas.

Fui do estado de podridão, aplaudido por aqueles que continuavam a querer o caminho da mentira e de aparências, ao estado de "completa" renovação e libertação pela verdade adquirida. Agora, era odiada e criticada por muitos, pelo facto de já não fazer parte do "*dream team anticristo*" (1 João 2:22), mas eu estava tão radiante que já não importava o que diziam. Infelizmente, ao longo da caminhada, existem pessoas mascaradas de cordeirinhos mansos, e por pura ingenuidade espiritual da minha parte, caí no conto do vigário eclesiástico que, aparentemente, parecia querer o meu melhor, mas só me levou ao abismo a ponto de ter conseguido "separar-me" dos meus pais, ainda que temporariamente, mas durante tempo suficiente para ter deixado sequelas emocionais.

Segundo a explicação dada pelo lobo em pele de ovelha, que levava à (in)verdade daquele homem que me instruía ao desamor paternal, os meus pais eram os culpados de toda a minha vida perversa. Logo após o sucesso da doutrina dele passada, quase conseguia separar-me da minha irmã, mas ninguém tem poder de destruir os Planos de Deus sobre nós (Jó 42:2). O caricato é que, enquanto caminhava pelo vale da sombra da morte, eu continuava a fazer algumas coisas que me remetiam ao passado medonho, navegando por águas aparentemente tranquilas, que eram mais turvas que água barrenta.

Foram momentos duros, mas contribuíram para o virar da moeda da vida com Cristo (Romanos 8:28). Fruto do amor imenso de Deus por mim e pela minha família, fui resgatada e fiquei com os dois pés ao lado de Jesus, mas dessa vez foi para ficar, foi de verdade.

De forma quase que inexplicável, foi nessa altura que tive os maiores momentos com Deus, aquEle que era completamente diferente do deus que a minha mãe achava que conhecia e que me tinha apresentado com a melhor das intenções que toda a mãe pode ter quando quer que os frutos do seu ventre trilhem caminhos promissores.

Foi então que, resultado de muitas lutas, orações, pedidos de intercessão e batalhas travadas a favor da minha vida e da vida da minha irmã, pelos enganos de muitos que diziam carregar Cristo e que eram defensores da Verdade que cura e liberta (Mateus 24:24), tivemos vitória. Conhecemos Deus de verdade e agora a minha mãe também (re)conhecia o Deus que eu passei a servir e a buscar, e fomos juntas (incluindo a minha irmã) desbravar a Verdade, andar no Caminho e viver a Vida com Cristo (João 14:6).

Entre lágrimas e sorrisos, foi uma longa trajectória que tive de fazer para chegar ao "poço de Jacó" (João 4) para o grande encontro que mudaria a minha vida para todo o sempre, garantindo a inserção do meu nome no Livro da Vida (Apocalipse 3:5) e faria de mim mais uma para o *"Dream Team Gospel"* do Aba das nossas vidas, anunciando a Luz que ilumina o Caminho dos Seus peregrinos, assegurando que entremos nos lugares altos e abramos as portas certas (Apocalipse 3:7-8), tendo sempre toda a segurança e intrepidez para o fazer (Atos 4:29).

Fui resgatada e adoptada como filha de Deus (Efésios 1:5) porque Ele me amou de tal forma que não queria que eu "morresse" sem que primeiro vivesse (João 3:16).

No meio da minha jornada, tive de curar a minha alma vezes sem conta.

Travei uma batalha interna com a violência doméstica, lutando para sair da toca do leão, mas esta história eu conto outro dia, quando estivermos sentadas em uma sala com chá e biscoitos. Lutei para estar de pé, mas foi de joelhos, diante da Cruz, que encontrei a paz que tanto procurava.

Durante a caminhada, encontrei muitos peregrinos conhecidos e consegui entender por que razão a minha tia Mena (irmã da minha mãe e minha companheira de percurso) falava de Jesus de forma tão fervorosa (até hoje ela o faz, mas hoje eu já entendo bem). Quando se conhece Jesus, nunca mais se é o mesmo. Quando Ele se apresenta a nós, nunca mais queremos estar distantes dEle. Mesmo que em algum momento caiamos, Ele nos levanta. Mesmo que andemos perdidos pelos pastos da vida do engano, Ele "deixa" as 99 peregrinas e busca por aquela que se perdeu (Lucas 15:4-7), resgatando-a e tornando a colocá-la no aprisco santo para que o Seu rebanho volte a estar completo.

Tive e continuo a ter o privilégio de orar e interceder por outras ovelhas perdidas e experimentar o "doce" que é celebrar o regresso dos meus irmãos aos Caminhos do Pai (Lucas 15:7-10).

Nestas simples linhas, cumpre-se uma das promessas de Deus, e hoje conto a minha história, partilhando o que a mão dEle pode fazer por cada um de nós. A minha história continua a ser escrita por Deus.

"Que haja luz, paz e transformação nas nossas vidas. Que Jesus seja sempre o centro da nossa vivência e que sejamos luz por onde quer que andemos."

Márcia Caremma

Ap. Márcia Raposo

Sou Márcia Raposo, natural de Bom Jardim, no Maranhão. Sou apóstola, presidente da UNIPAM (União Interdenominacional de Pastoras e Missionárias do Maranhão) e gestora de contratos na Empresa Grupo Global.

Mãe de um casal de filhos e casada com o apóstolo Roney Silveira, sou mentora no projeto Talita Cumi, que tem por objetivo levantar e acolher mulheres com cura e autoestima.

Aos 12 anos, fui morar no Rio de Janeiro, mas passei por muitos desafios. Ao chegar na capital fluminense, fui recebida com amor por uma tia, até eu perceber que estava me tornando "a doméstica sem diretos". Aos 16 anos, fugi de lá para viver minha história de lutas que foram superadas e vencidas com garra e coragem.

apostola_marcia_raposo

cevb_oficial

talitacumi.cevb

+55 (98) 98343-8012

Apóstola Márcia Raposo Silveira

marciarap1@hotmail.com

20 TALITA CUMI: MENINA, LEVANTA-TE!

Por Ap. Márcia Raposo

O ano era 1982. Eu tinha 8 anos de idade e morava com meus irmãos e meus pais. Vivíamos em um bairro humilde no centro da cidade. Foi quando sofri meu primeiro abuso, praticado por um vizinho pedófilo que era conhecido de toda vizinhança. Ele era acima de qualquer suspeita, me chamou com alguns bombons nas mãos e me ofereceu na porta onde ele mantinha um quarto alugado, somente para praticar esses abusos. Eu aceitei e ele disse: "Entra aqui que tem mais". Foi quando entrei naquele quarto sombrio e em trevas. Aquele lugar exalava um cheiro que até hoje sinto nas minhas narinas, o pior cheiro que já senti na minha vida, e ali vivi o pior e mais cruel dia da minha história. Fui abusada por um homem que tinha aproximadamente 40 anos. Ele roubou minha pureza, meu amor-próprio e meus valores. Durante anos, não contei nada para ninguém, até viver o segundo abuso, desta vez praticado por um familiar muito próximo. Tudo isso transformou a menina doce e carinhosa em amarga e rebelde.

Foi assim que, aos 12 anos, fui morar com minha tia, no Rio de Janeiro. Com muita luta conseguimos comprar minha passagem de ida. Fui recebida com amor pelos meus primos e por ela, até passar alguns meses e viver bullyings que marcaram minha história. Eu era chamada de "Paraíba", em tom pejorativo – como se fosse –, e tudo era motivo para zombar e sorrir do meu jeito de falar nordestino. No início, tudo foram flores, mas, com o passar dos meses, percebi que não tinha direitos iguais as minhas primas. Dormia em um colchão no chão e ajudava nas tarefas de casa, enquanto elas basicamente não faziam nada. Estudava no período da tarde, e, para chegar à escola, ia andando do centro do Rio até o bairro do Catete. Dentro de mim, carregava cicatrizes profundas e um sonho de toda adolescente da época: seguir carreira de modelo e atriz. Esse foi o real motivo de ter ido para o Rio de Janeiro: fui atrás desse sonho que idealizava como um conto de fadas, e quando veio a chance, segurei com todas as forças que tinha, pois eu era de uma família de classe baixa, sem muitos recursos.

Fui a algumas agências de modelo e até consegui algumas participações em novelas da Rede Globo. Participei de vários programas e acabei abandonando a escola para viver esse sonho. Todo dinheiro que eu ganhava, minha tia guardava, então, sempre que eu precisava, tinha que pedir para ela, e tudo era contado e detalhado por ela. Foi vivendo esse sonho que experienciei os primeiros pesadelos de muitos que passei naquela cidade por culpa das minhas ambições e vontade de vencer. Passei por cima de valores, não amava a mim mesma, o que me tornou fria e sem esperanças.

Foi assim que decidi fugir da casa da minha tia onde morei por aproximadamente 3 anos. Queria meu próprio dinheiro que era meu por direito, abandonei a escola e encarei tudo que a vida me proporcionava. Fui morar com uma amiga que conheci e, após algum tempo, com pouco dinheiro e sem ter como me manter, aceitei a proposta de uma conhecida para fazer programas. Encarei a vida dura de uma garota de programa no Rio. Nunca falei sobre isso com ninguém, era um segredo que guardava, e, hoje, falo sobre isso com muita vergonha, mas em Deus sou liberta e livre de tudo isso. Aquilo que aceitei viver eram sequelas do que passei na minha infância, e eu me punia por ter permitido ser abusada como se eu fosse culpada de um ato que não cometi e não provoquei. Eu só tinha 8 anos! Eu vivi perigos, humilhações e passei pelo vale da sombra da morte, mas a morte não me tocou porque Deus, o dono da minha vida, me guardava todos os dias, e ainda que eu passasse pelo vale da sombra da morte, Ele estava ali comigo, eu só não O conhecia.

Aos 17 anos, descendo de um elevador de um prédio, avistei um homem alto, branco, de cabelos pretos. Ele parou e ficou me olhando, acompanhando meus passos. Esse homem me seguiu para saber onde eu morava e, certo dia, à noite, eu fui a uma boate e estava ali dançando, quando, de repente, quem apareceu segurando meu braço? Aquele homem, que estava há dias me seguindo para ter uma oportunidade de me conhecer. Tão nova ainda, foi ele quem me resgatou, me ajudou, me ensinou muitas coisas como um pai ensina uma filha, e com apenas um mês de relacionamento ele me levou para morar com ele, e vivemos juntos por quase 10 anos.

Deste relacionamento veio meu primogênito, meu primeiro amor, meu amado filho Carlos Adolpho, que hoje é meu médico e meu orgulho. Fui mãe aos 19 anos, mas esse relacionamento me trouxe muitas dores. No começo, ele foi um pai para mim, mas, depois, foi o pior homem que uma mulher desejaria ter. Sofri violências terríveis e insustentáveis, ele me batia sem dó nem piedade, apanhei várias vezes, tanto que uma vez, sem aguentar mais, tentei me jogar de uma ponte juntamente com meu filho, que era apenas um bebê de 3 meses, mas, quando olhei para o meu filho, tão pequeno e indefeso, eu perdi as forças e desisti. Junto a este turbilhão, veio a depressão pós-parto e uns quilos a mais. Toda aquela beleza física que eu tinha foi sendo consumida pela dor, pela depressão e pela decepção de tudo que eu estava vivendo. Tive ataques demoníacos terríveis, os demônios apareciam para mim com fúria, e por diversas vezes eles tentavam me matar. Cheguei até a procurar ajuda na umbanda, achando que lá era o lugar certo, e foi aí que tudo desmoronou. Eu não conhecia Jesus, nunca ninguém me evangelizou na época que vivi todas essas coisas. Os anos foram passando, meu ex-esposo faliu, perdemos a vida de luxo que tínhamos e eu, a cada dia, morria um pouco mais dentro de mim mesma. Me sentia insignificante, quase toda semana eu apanhava, cheguei a apanhar com uma corrente de bicicleta e, por último, ele colocou uma arma na minha cabeça e mandou me jogar da janela do apartamento. Ali, naquele momento, eu vi a mão de Deus, que mais uma vez estendia para me livrar da morte. Eu gritava por Deus, eu queria ver Deus, eu precisava dEle, mas eu não sabia como buscá-lo, já estava sem forças e cansada de sofrer.

Decidi, então, abandonar tudo e ir embora para minha terra, para minha família, onde eu seria acolhida e amada. Mas, chegando em São Luís, eu passei a beber quase todos os dias. As amigas vieram, mas, com as perdas do que eu podia oferecer, elas se foram. Sua família sempre será quem vai ficar quando todos forem embora. Mais uma vez, fiz escolhas erradas por não conhecer a Deus. Me envolvi com uma pessoa e, deste relacionamento, veio minha princesa, minha amiga, minha filha amada, Melissa, ela veio para dar sentido a muitas coisas. Minha psicóloga, ela é minha melhor amiga e companheira de todos os dias. Tenho os melhores filhos do mundo! Deus é bom o tempo todo, e para cada dia de vergonha, acredite, Deus tem dupla honra, não desista!

Novamente, vivi tudo de novo neste segundo relacionamento: violência e agressões praticadas pelo pai da minha filha, e com isso adquiri muitas doenças físicas, espirituais e psicológicas. Tive um quadro de pedra na vesícula que necrosou e eu quase morri. Via demônios naquele hospital que me atormentavam todas as noites, tive hérnia umbilical, nódulos nos seios e, por último, tive câncer no útero e passei por cinco cirurgias ao todo, foi aí que pensei: "É o meu fim! Nasci para dar errado, Deus não me ama!", mas, um dia, antes de dormir, eu estava tão frustrada após ser arrastada pelos cabelos no asfalto pelo pai da minha filha, ao deitar, eu disse assim: "Deus, Tu não me ama e a minha vida é uma lástima" e adormeci. Pela madrugada, acordei com uma voz doce e suave, nítida e clara, que me disse assim: "Tua vida não é uma lástima". Foi aí que Deus me levantou, foi aí que ouvi a voz de Deus me dizendo "**Talita Cumi, menina, levanta-te!**", e eu me levantei!

Eu me levantei para superar a mim mesma todos os dias. Foi aí que decidi viver tudo o que Deus tinha para mim, aceitei o desafio do chamado, aceitei renunciar muitas coisas e viver para o autor e consumador da minha fé! Mesmo ferida, humilhada, vindo de dois relacionamentos frustrados, vendo meu filho sair de casa para estudar fora do país e morar com o pai, tendo que suportar a dor diária da saudade dele todos os dias, eu perseverei. Quando encontrei Jesus, eu estava igual à mulher samaritana, na beira do poço, sem expectativas de um futuro honrado e uma família abençoada. Estava frustrada comigo mesma, basicamente fui o pai e a mãe dos meus filhos, tive uma depressão tão forte que tentei tirar minha própria vida, tive síndrome do pânico e tive ansiedade, durante muito tempo vivia em hospitais, mas Deus já tinha uma história que tinha meu nome, e ninguém poderia viver o que Ele, o amado da minha alma escreveu para mim. Foi aí que Deus enviou meu verdadeiro Boaz, meu atual esposo, o apóstolo Roney, um homem bondoso, carinhoso e único, que me conheceu ferida e humilhada. Por intermédio dele, Deus curou minhas dores e sequelas, e com ele ao meu lado, consegui superar tudo e viver plenamente meu chamado.

Compreendo que minhas marcas hoje são usadas por Deus para curar vidas que, assim como eu e, quem sabe, como você, têm cicatrizes de quem venceu, a cada dia vivo, algo novo em Deus. Hoje tenho 49 anos e olho para trás e vejo que Deus sempre esteve lá, eu só não sabia, foi Ele quem me ajudou, e será sempre Ele que vai te ajudar.

Hoje, sou mentora de mulheres no projeto que Deus me entregou: **Talita Cumi: menina, levanta-te!**, por meio do qual muitas mulheres são curadas e levantadas para viver seu propósito em Deus. Saiba que você é a menina dos olhos de Deus, nada do que você vive hoje se compara ao que Deus tem para você! Bora levantar, menina? Levantar para vencer as dores, as dificuldades, as escassezes, as adversidades! Você é forte, apenas ainda não sabe a força que tem; você é única, levante-se para viver o propósito de Deus, levanta-te, menina, eu venci e você também vencerá!

Esta é a história da menina desprezada, humilhada e que tinha tudo para dar errado até Deus achá-la e estender Sua mão e dizer: menina, levanta-te que através de você farei coisas grandiosas! As cicatrizes são apenas marcas dos que venceram, eu venci a dor para viver o propósito pelo qual nasci, e todos os dias vivo um milagre.

“Menina, levanta-te! A força dessa expressão tem se cumprido na minha vida todos os dias e vai se cumprir na sua; use-a!”

Ap. Márcia Raposo

Mirian Link

Sou filha de Deus, tenho 48 anos, casada com Cleocir Link, mãe de Vitor *(in memoriam)*, Lívia e Lavínia. Formada em Serviço Social e pós-graduada em docência, também já atuei como técnica de enfermagem. Atualmente, sou Instrutora de etiqueta e consultora de mesa posta. Tenho 10 anos de serviço no diaconato.

mirian.link

+55 (45) 99113-6285

Mirian Link

21 A MULHER QUE EU MAIS ODIAVA

Por Mirian Link

Fazia muito frio, e meu esposo e eu estávamos deitados debaixo das cobertas.

Eu não me sentia bem, mas era o aniversário da minha sobrinha Manuela, a Manu, e como nós somos padrinhos dela, não poderíamos deixar de ir à festa.

Meu esposo olhou para mim e disse: "Neguinha, se nós não formos ao aniversário, a Lu (mãe da Manu), ficará muito triste". Então, depois de insistir, resolvi levantar, mas, quando saí da cama, minhas pernas não aguentaram e eu caí de joelhos.

Naquele momento, vi que eu não estava com depressão ou outra coisa, ia além do meu psicológico. Meu esposo me amparou e perguntou como eu estava. Respondi: "Não estou bem, mas vamos à festa!".

A festa estava linda, tudo perfeito. A Manu parecia uma princesa e, ao me ver, abriu um largo sorriso. Sua mãe, a Lu, se sentiu aliviada, pois estávamos muito atrasados.

Quando nos aproximamos da mesa onde estavam alguns parentes, os olhares foram de preocupação. Nada passava aos olhos da minha cunhada Lia, que, com o olhar preocupante, me perguntou se eu estava bem e completou: "Mirian, você está com uma cor horrível. Uma aparência preocupante, procure um médico".

Percebi que, de fato, eu não estava bem. Mas, na manhã seguinte, não procurei um médico, achei que só estava muito triste e cansada. Eu já havia tido depressão duas vezes e pensava que era isso e que, tomando as medicações que eu já conhecia, orando e estando mais ativa na igreja, eu iria melhorar.

Era um momento muito complicado, pois uma de minhas irmãs havia sido diagnosticada com bipolaridade, e como era meu marido e eu que cuidávamos dela, não seria possível que outra pessoa adoecesse.

Muitos dias se passaram e fui piorando. Eu não tinha dor, mas me sentia cansada e pesada, com a visão turva. Nós havíamos acabado de mudar de igreja, pois fomos convidados a sair da igreja da qual éramos membros e na qual havíamos dedicado mais de dez anos das nossas vidas como obreiros. Éramos diáconos, e agora estávamos congregando em outra denominação. Confesso que fui com muita resistência para outra igreja, pois eu estava muito machucada e não queria congregar. Meu esposo não demonstrava muita preocupação, até que eu disse: "Não vou mais à igreja!".

Naquele dia, ele foi para o banho e orou embaixo do chuveiro: "Deus, me leve à casa de oração onde o Senhor quer que congreguemos. Que seja feita a Sua vontade, e não a nossa". Ao terminar o banho, ele se trocou e foi a uma igreja perto da nossa casa. Quando meu marido chegou nessa igreja, chorou durante todo o culto. Ao final, o pastor o procurou para conversar. Deus havia mostrado para o pastor tudo o que estava acontecendo em nossa casa e em nossas vidas. Meu esposo, por sua vez, caiu em lágrimas novamente. Naquele momento, ele sentiu o amor e o cuidado de Deus sobre as nossas vidas. Ao chegar em casa, ele me contou que Deus estava cuidando de nós e que tudo iria ficar bem, não estava bem, mas iria ficar. Olhei para ele e não respondi nada. Passaram várias semanas e ele ia sempre sozinho à igreja. Até que, um dia, resolvi acompanhá-lo, só por curiosidade. Essa curiosidade me trouxe muita calma e paz. Deus falou muito comigo e decidimos congregar naquele local.

Todos os domingos, após o culto, o pastor orava pelas pessoas. Em um desses domingos, ele me chamou para auxiliá-lo nesse momento de oração. Eu aceitei, mas acreditando que seria somente par estar ali com ele. No entanto, ele pediu para que fizessem duas fileiras, uma na frente dele e outra diante de mim. Quando me dei conta, a minha fila estava o dobro de tamanho da fila dele. Muitas pessoas queriam que eu orasse por elas. Naquele momento, falei com Deus "Senhor, não estou bem! Me sinto fraca e muito triste! É sério isso?!", mas Deus não me disse nada. Então, por alguns domingos, segui intercedendo por aquelas pessoas que se formavam na minha fila, mas, a cada dia, ficava mais indignada.

Certa manhã, recebi uma mensagem que dizia "Após a oração de domingo, a dor que a irmã estava sentindo, passou. Gloria a Deus!". Respondi que Deus era maravilhoso e era Ele quem fazia. Deitei no sofá e chorei, pois eu sentia muita dor naquele momento, mas não era uma dor física, eu não sabia explicar. Logo à tardinha, uma amiga chegou para um café. Eu, deitada no sofá, somente ergui a cabeça e a cumprimentei com um "oi". Ela arregalou os olhos e, num tom de voz assustador, me perguntou: "O que você tem? Você está doente?". Respondi que talvez, mas que eu já iria melhorar. E ela continuou a dizer: "Você está horrível! Procure um médico!".

No outro dia, marquei finalmente uma consulta e fui atendida no mesmo momento. Fiz uma bateria de exames e, em dois dias, recebi uma ligação da secretária do médico pedindo para que eu comparecesse no consultório e levasse alguém comigo.

Como já trabalhei em hospital, vi que algo estava errado. Chamei meu esposo e fomos. O médico, sem maiores delongas, nos comunicou que eu estava com diagnóstico de câncer e que, pelos resultados, eu teria somente mais dois meses de vida. Poderia até realizar uma cirurgia, mas, de igual forma, o diagnóstico não mudaria: continuaria com a estimativa de meses com ou sem cirurgia.

Meus dias na terra estavam contados. Meu esposo olhou para o médico e disse: "Pode marcar a cirurgia!".

Eu não respondi nada. Era como se eu não estivesse mais aqui. Sentia que a minha vida tinha sido horrorosa, queria me desprender desse plano terrestre e ir para minha verdadeira casa no céu. O médico percebeu minha indiferença e pediu que procurássemos mais um médico para uma segunda opinião. E assim fizemos: fomos a outro médico, ele olhou para os exames, fez uma breve pausa e suspirou: "Não sei como você está viva!". Saímos de lá com a cirurgia marcada. Seria num sábado, mas pedi para que fosse na segunda-feira, pois sábado era o aniversário de 18 anos da minha filha. Estávamos com uma festa marcada para aquele dia. Participei da festa, que foi muito divertida e alegre. Tentei não pensar em como eu estava, pois era o dia dela!

Na segunda-feira, fomos ao hospital pela manhã. A cirurgia seria às 11 horas, e enquanto eu aguardava no quarto, alguém veio me buscar para a cirurgia. Minha mente era um mix de silêncio e barulho, sem que eu pudesse definir o que sentia naquele momento que poderia ser minhas últimas horas de vida. Escutei alguém abrir a porta do quarto, caminhar em minha direção e olhar para mim como se eu não estivesse mais ali. Fui caminhando para o centro cirúrgico sem conseguir sentir o chão. Não me lembro do caminho que percorri, mas me recordo claramente do momento em que entrei na sala de cirurgia. Era uma sala pequena e muito clara, não havia ninguém dentro dela, somente eu e a enfermeira que estava me conduzindo. Entrei em total silêncio. Ela me colocou sentada na mesa e o anestesista entrou. Na sequência, entrou o restante da equipe. A equipe de enfermagem transparecia que estava com muita pressa.

Deitei-me a pedido da enfermeira, enquanto preparava o bisturi bem a minha frente. Foi quando entendi o que estava acontecendo e comecei a tremer muito. A mesa de cirurgia trepidava, fazendo um barulho assustador devido à vibração que o meu corpo produzia, até que o anestesista me olhou e deu um sorriso que me transmiti paz e perguntou: "Posso segurar a sua mão?", "Sim!", respondi, fechando os olhos, e fiz o que achava que seria a minha última oração.

Estávamos no mês de dezembro, e no dia 11 de outubro eu havia completado meus 40 anos de vida. Me considerava jovem, apesar de achar que eu era uma mulher feia. Isso mesmo, feia, muito feia, a ponto de não ir a lugares, eventos e comemorações por acreditar nisso. Não que eu "estivesse" feia, mas porque eu "era" feia. Eu era triste e poderia até mesmo dizer infeliz. Minha vida era marcada por muitas desgraças, tristezas, desencontros e frustrações. Para mim, era uma vida fracassada. Eu me considerava uma péssima mãe e uma esposa insuficiente, e foram esses sentimentos que vieram à minha mente, e meus olhos foram pesando. Foi quando resolvi fazer essa oração, a minha última oração:

"Jesus, estou aqui neste hospital, deitada e pronta para a cirurgia. Quero te agradecer por me amar e por cuidar da minha família, mas... Deus.... Eu tenho um pedido. Se for para eu continuar tendo uma vida triste, infeliz e cheia de acontecimentos ruins, não quero mais viver. Me leve para casa! Mas se o Senhor tiver ainda planos para mim, que eu volte da cirurgia". Quando terminei a frase, apaguei.

A cirurgia deveria durar duas horas, mas levou quatro horas e trinta minutos. Eu estava deitada e coberta com lençóis quando abri os olhos e avistei uma enfermeira próxima da minha cama. Movi a cabeça e a vi se virando e olhando para mim com olhar de surpresa. Ela deixou o que estava nas mãos e saiu para fora do quarto com muita urgência. Ao retornar, trouxe consigo três pessoas, sendo uma delas o médico. Eles ficaram em volta da cama me olhando. Algo havia acontecido. Logo me levaram para o quarto e, dois dias após a cirurgia, tive alta e fui para casa, mas estava muito fraca, não conseguia andar e me alimentava muito pouco. Minhas filhas ficavam comigo o tempo todo quando estavam em casa. Eu não recebia visitas e passava quase todo tempo deitada.

Certo dia, após o Natal, me dei conta sobre a oração que fiz antes da cirurgia e caí em lágrimas. Eu sabia que a minha vida seria diferente dali para frente. Chorei muito naquele dia, mas de alegria, com a esperança de que tudo seria diferente. Uma das melhores sensações do mundo é quando você se sente renovada, sente um recomeço ou, melhor, ressuscitada! Nascer de novo. Deus esteve comigo todos esses anos, e hoje eu sei que foi uma vida extraordinária, espetacular!

Oito anos depois dessa experiência, sou uma mulher feliz e que ama a vida. A mão de Deus me segurou todo esse tempo!

Amiga, você que está lendo esta pequena parte da minha história, não desista! Eu era a mulher que eu mais odiava, não me cuidava, não me respeitava, não conseguia ver a minha beleza nem a mulher incrível que eu era. Eu me amo, Deus me ama e me sinto amada. Te digo, mulher, ame-se hoje! Ame-se HOJE!

“A sua tristeza de hoje pode ser a alegria de amanhã para outras mulheres. Deus nunca nos deixa só ou sem resposta.”

Mirian Link

Natalia Bianchini

Natalia Bianchini, brasileira de Viradouro, interior de São Paulo. Atualmente, resido em Bebedouro, também no interior paulista.

Compartilho uma vida abençoada com meu esposo, Paulo Bianchini, por duas décadas e nosso amado filho João Miguel da Silva Bianchini. Sou filha, irmã e amiga, com um coração único e uma força intensa.

Profissionalmente, percorri de manicure a empresária, mas meu chamado missionário tornou-se o epicentro da minha vida. Grata por ser uma improvável aos olhos de muitos, mas aprovada pelo céu.

Também sou escritora, filha de um Deus de amor que me guia a cada passo. Agradeço por Ele ter me escolhido, curado minhas feridas e me dado a oportunidade diária de viver Seu propósito.

Com gratidão, inicio este novo ciclo compartilhando como os processos nos conduzem à compreensão do nosso propósito. Que toda honra e glória sejam para o Amado da minha vida, meu Deus.

miss.nataliabianchini

+55 (17) 99153-7227

22 OUVINDO A VERDADEIRA VOZ NA MULTIDÃO

Por Natalia Bianchini

Desde minha conversão há oito anos, tenho vivido em um constante mergulho na graça e bondade do meu Abba. Entretanto, a partir de 2019, minha jornada tomou um rumo desafiador, marcado por contrastes intensos. Embora estivesse realizando o grande sonho de estabelecer meu próprio negócio, simultaneamente, mergulhei em um dos períodos mais complexos da minha vida.

Como reflexo da sabedoria presente em Eclesiastes 3:1: "Tudo tem o seu tempo determinado, e há tempo para todo o propósito", testemunhei a transformação da alegria inicialmente experimentada em uma profunda decepção. Atravessando essa porta inesperada, vi-me imersa em um cenário marcado por lágrimas, incertezas e inseguranças, desafiando minha fé.

O ponto culminante desse desafio revelou-se no enfrentamento da falência, um momento crucial que abalou as estruturas da minha jornada. No entanto, como prometido em Jeremias 29:11: "Porque eu bem sei os pensamentos que tenho a vosso respeito, diz o Senhor; pensamentos de paz, e não de mal, para vos dar o fim que esperais", Deus revelou Sua presença reconectando-me ao Seu propósito.

Essa experiência não apenas fortaleceu minha fé, mas também proporcionou uma renovação profunda. Através das adversidades, encontrei uma nova compreensão da esperança e da confiança, evidenciando que, mesmo nos momentos mais desafiadores, a mão amorosa de Deus guia e restaura, conduzindo-me a um novo capítulo alinhado ao Seu desígnio.

Problema

Ao longo dessa trajetória, sucumbi à tentação de ouvir as vozes que ecoavam ao meu redor, inadvertidamente negligenciando a voz divina e permitindo que as direções fossem ditadas pelas influências da multidão. O que me inquieta profundamente é a percepção de que, muitas vezes, abandonamos a escuta da voz de Deus, expondo-nos a um perigo iminente. Encontrei-me ecoando a história inspiradora de uma mulher bíblica que se tornou minha guia nesse processo desafiador: a mulher do fluxo de sangue, cuja narrativa é apresentada em Mateus 9:18-26.

Essa mulher, ao sofrer por doze anos com uma hemorragia, atravessou um doloroso processo marcado por rejeição e humilhação. Por muito tempo, me vi refletida nela – uma improvável, repleta de dores, falida e sujeita às humilhações de quem não compreendia sua jornada. Tive que aprender, assim como ela, que em muitos momentos precisamos silenciar as vozes da multidão para ouvir claramente a voz do Pai.

Preocupei-me excessivamente em resolver os desafios que enfrentava, esgotando todos os recursos disponíveis, assim como a mulher do fluxo de sangue, que gastou todos os seus recursos em busca de cura. Nesse processo, percebi de forma contundente que a intervenção divina só ocorre quando retiramos nossa mão e permitimos que Deus opere. Foi uma lição difícil, aprendi que não possuo controle absoluto sobre determinadas situações, mas Ele detém todo o poder e governo.

Compreendi que nem sempre seguir a correnteza da opinião alheia é o caminho para o meu tempo. Distrair-me com estações que não estão alinhadas ao meu propósito resulta em consequências dolorosas. Assim, abraço a jornada de compreender que a mão de Deus se manifesta de maneira poderosa quando confiamos Nele, silenciamos as distrações externas e nos entregamos à Sua orientação soberana.

Consequência

As repercussões de seguir a multidão foram profundas, resultando na substituição do direcionamento divino pelas vozes humanas, alterando a essência da minha jornada espiritual. Compreendi que, para a glória de Deus, era imperativo sacrificar meu "Isaac" pessoal, desencadeando uma busca fervorosa por renovação e realinhamento com o propósito divino em minha vida. Nesse momento crucial, conforme Provérbios 4:23 adverte, "Sobre tudo o que se deve guardar, guarda o teu coração, porque dele procedem as fontes da vida," reconheci a necessidade premente de resguardar meu coração em Deus.

As consequências dessa escolha equivocada quase me conduziram a uma depressão, onde tudo parecia perdido e sem saída, envolto por um turbilhão de incertezas e medo. Semelhante à mulher do fluxo de sangue, me vi excluída da sociedade e das certezas que antes conhecia. A sensação de que minha identidade fora apagada tornou-se avassaladora, como se eu estivesse perdida dentro de mim mesma. Isso é o que a multidão faz conosco; nos preenche com vozes externas, obscurecendo a voz interior que nos assegura que tudo isso é apenas um processo temporário, com Deus ao nosso lado.

O processo me induziu a enfermidades na alma, onde as emoções foram profundamente afetadas. Criei uma bolha de proteção ao meu redor, temendo ataques e julgamentos de todos que se aproximavam. Foi um período desafiador, porém, também marcado por um aprendizado significativo. Costumo dizer que é necessário encarar os processos e desertos pelo lado positivo, pois sempre há algo bom que Deus deseja extrair de cada um de nós nesses momentos.

Você pode se perguntar como algo bom pode surgir de uma crise financeira ou de ser moldado nas três esferas do espírito, alma e corpo. Contudo, os processos nos lapidam, extraindo de nós o mais puro azeite, como afirma o Salmo 52:8: "mas eu sou como uma oliveira que floresce na casa de Deus, confio no amor de Deus para todo o sempre." Todo esse processo, apesar das dificuldades, apontou-me ainda mais firmemente em direção ao meu destino e propósito, reforçando a minha confiança no amor eterno de Deus.

Desenvolvimento

Neste intrincado processo, percebi que Deus, em Sua graça insondável, guiou-me com precisão para a rota do propósito que Ele me destinou. Cada desafio, longe de ser uma mera adversidade, revelou-se uma sala de aula divina, impregnada de aprendizados e lições valiosas que esculpiram meu ser de maneiras inimagináveis. Viver por fé, como proclama Hebreus 11:1, tornou-se alicerçar-se no firme fundamento das esperanças e na prova das realidades não visíveis.

Semelhante à mulher do fluxo de sangue, tomei a decisão de romper a multidão das incertezas e crer que, ao tocar em Jesus, experimentaria uma transformação irreversível. Fui alinhada e reposicionada ao meu propósito na fonte inesgotável chamada Jesus, o mesmo ontem, hoje e eternamente. Em cada desafio, percebi Sua presença constante, apontando-me o caminho e revelando um destino que transcende qualquer circunstância.

Essa jornada não foi fácil; exigiu renúncias, perseverança e a escolha constante de ouvir a voz do amado. No ato corajoso de tocar na orla do Seu vestido, assim como a mulher do evangelho de Lucas, experimentei a interseção do divino em minha vida. Diante do inusitado questionamento de Jesus, "Quem é que me tocou?", compreendi que, no toque da fé, emana uma virtude transformadora.

A mulher, que não podia mais ocultar-se, aproximou-se de Jesus, revelando tremor e gratidão. Ela não apenas recebeu cura instantânea, mas também uma identidade redentora. O Senhor não a deixou apenas curada; Ele a reconheceu como filha do Deus Altíssimo, uma mulher com uma linhagem real e um destino grandioso. Esse relato bíblico não é apenas um episódio histórico, mas uma narrativa inspiradora que ecoa nos recônditos da minha própria jornada.

Nesse processo, aprendi a não focar nas complexidades do trajeto, mas a manter meu olhar firmemente fixado no propósito que Deus traçou para mim. A palavra que ressoa em meu ser é "seja muito forte e corajosa", uma instrução vital para alçar novos voos que demandam uma força e coragem excepcionais. Deus já nos deu um destino, assim como proporcionou a Josué a jornada de passar o Jordão e alcançar a terra prometida.

Portanto, encorajo a todos: Deus já te deu um destino. Prossiga, mantendo a fé, ancorando-se na força que só Ele pode proporcionar. Seja forte, corajoso e avance, pois a jornada é um caminho rumo ao destino que Ele já planejou para cada um de nós.

Inspirar

Hoje, testemunho o poder transformador da misericórdia divina, uma jornada que, embora desafiadora, converteu-se em um fardo leve, pois Sua palavra proclama que Seu jugo é suave e Sua carga é leve (Mateus 11:30). Convido você a tornar-se dependente desse Deus que não apenas nos destina, mas nos alinha, sustenta, cuida, ama e sela por Sua Palavra.

Em meio aos processos da caminhada com Cristo, é fácil esquecer que sobre nossas vidas há uma palavra liberada por Aquele que nunca erra. Ele não cometeu erro ao nos escolher; acertou o alvo. Contudo, diariamente, o inimigo traz consigo novos desafios, com o mesmo propósito de nos fazer desistir das promessas que pairam sobre nossas vidas.

Assim como a mulher do fluxo de sangue rompeu a multidão e recebeu um milagre, eu também rompi a multidão e estou experimentando as promessas divinas em minha vida. Pode parecer improvável na terra, mas é aprovado pelo céu. E você, assim como eu, é uma improvável, mas com um destino já liberado pelos decretos celestiais.

Convido você a abraçar a singularidade de sua jornada, reconhecendo que o divino já traçou um destino grandioso para cada um de nós. Não permita que as adversidades desviem seu olhar da promessa divina. Seja forte, persista e testemunhe o extraordinário se desdobrar em sua vida, pois o céu já assentiu ao seu propósito.

Convido, ainda, a uma profunda reflexão sobre as escolhas e direções em sua própria jornada. Vamos, juntas, buscar a voz divina que não apenas guia, mas transforma, reconhecendo que, mesmo em meio às vozes tumultuadas da multidão, a graça de Deus nos alcança. Ela me alcança todos os dias, não porque eu mereça, mas por Sua graça.

Que essa graça alcance você onde quer que esteja agora. Que este livro sirva como um estímulo para avançar e viver plenamente o seu propósito. Lembre-se, uma mulher posicionada desbloqueia destinos. Você é uma chave de ativação para esta geração.

Seja forte e corajosa. Assuma o comando de suas emoções, pois tudo que não governamos nos escraviza. Deus te fez livre para a glória do Seu nome. Ele escolheu a mim e a você para um propósito maior. Esteja pronta para desbloquear o potencial que Ele depositou em você e impactar positivamente a sua jornada e a daqueles ao seu redor.

"O segredo não está apenas em ouvir a voz de Deus, mas em convertê-la em um comando, evitando se perder entre as vozes tumultuadas da multidão."

Natalia Bianchini

Rosana Formiga

Sou Rosana, evangélica, casada há 31 anos com Enock Formiga. Mãe do presente de Deus Matheus Formiga e sogra da Stefani.

Professora, empreendedora, teóloga formada pela Faculdade Iguaçuana de Teologia, confeiteira e estudante de gastronomia.

Mas, acima de tudo, sou serva do Deus, que conheço não só de ouvir falar, mas de tudo que Ele fez na minha vida.

rosanaformiga

Rosana Formiga

rosanaenock@gmail.com

23 QUANDO DEUS PREPARA TUDO PARA REALIZAR UM MILAGRE

Por Rosana Formiga

"Aos homens é isso impossível, mas a Deus tudo é possível (Matheus 19:26). Venho aqui compartilhar com vocês a minha trajetória e o milagre que Deus fez na minha vida.

Me casei aos 18 anos e meu sonho era ser mãe de quatro filhos - sempre dizia que não queria esperar para ter filhos, mas, com seis meses de casada, engravidei, e foi aí que começou a minha luta para ser mãe. Estava muito feliz e já ia completar 4 meses de gestação quando, de repente, comecei a sentir umas dores na barriga e a sangrar. Fui para o hospital e meu bebê, minha menina, minha Caroline, já não tinha mais vida. Fiz o procedimento de curetagem, que foi muito doloroso, mas o mais doloroso foi voltar com os braços vazios, sem o meu bebê. De toda dor que passei naquele hospital, o que mais me machucou foi quando o médico levantou o lençol quando eu estava ensanguentada e falou que o bebê não era para nascer mesmo. Naquele momento, eu questionei muito a Deus o porquê de tantas mulheres que abortam e jogam seus filhos no lixo, e eu, que queria tanto um filho, não pude, naquele momento, ter.

Foram vários questionamentos, mas não desisti, apesar do medo de engravidar e acontecer a mesma coisa novamente. Fui a vários especialistas que passavam exames e falavam: "você não tem nada e, se tiver, só vamos saber depois que você engravidar". Resolvi engravidar de novo depois de quatro anos da perda da minha Caroline. Sempre orando, pedindo a Deus para me dar forças e não deixar eu passar por tudo aquilo de novo, fui ao médico comecei a fazer o pré-natal. Primeiro mês, tudo certo, mas, na segunda consulta, quando levei a ultrassonografia, o médico já me olhou diferente e disse: vamos para o hospital porque não está legal esse resultado. Lá vamos fazer outra ultrassonografia e outros exames também. E, para minha surpresa e dor, não havia feto, somente saco gestacional. Então veio outro período de sofrimento, o mesmo que passei na primeira gravidez, e, para piorar, foi no mesmo hospital, no mesmo quarto onde perdi minha mãe, e foi nesse lugar que nos despedimos. Quando saí daquele hospital, uma dor tão grande invadiu meu coração que falei "não posso ser mãe e não quero mais passar por tudo isso de novo". Era uma dor inexplicável, uma dor misturada com revolta e muitos questionamentos com Deus. Estava decidida que não seria mãe e que ser mãe não era para mim, que Deus não queria me conceder esse privilégio.

Fui para casa mais uma vez com os braços vazios e foi um período muito difícil na minha vida. Não queria mais passar por tudo aquilo de novo e já tinha desistido. Mesmo assim, continuei fazendo homenagem para outras mães na igreja, pois eu era diretora de programas especiais. Eu mesma confeccionava as lembranças, preparava o culto e depois caía em prantos, questionando muito a Deus. Cheguei a um ponto que não queria mais fazer nada para mudar o que estava sentindo, era uma dor tão grande que já não queria frequentar lugares onde as famílias tinham recém-nascido porque isso me causava uma dor e uma angústia muito grande, e vinha novamente o questionamento: Por que as mulheres têm filhos e eu não? Era inevitável não questionar a Deus, e Deus não me respondia.

Desisti do tratamento porque na última especialista que tinha ido e falou que eu não podia engravidar e que no máximo podia tentar inseminação artificial e que não poderia dar certeza de que daria certo. Fui para casa triste, mas, naquele dia, eu decidi: foi a minha última consulta, não quero mais. Deus não quer me dar um filho. Foram dias chorando, pois não tinha como fazer a inseminação, e mesmo que conseguisse, poderia dar errado. Chorei durante dias e o tempo foi passando, até que um dia uma amiga que sempre o orava por mim e comigo me disse: "eu conheci uma médica especialista em fertilidade, por que você não vai nela?". Na hora, respondi que não queria, que não tinha jeito, eu não podia ser mãe. Ela só me olhou e falou: "Vou continuar orando". À noite, quando fui fazer minha oração, fiquei pensando por que havia aparecido essa médica justamente agora, quando eu já havia me acostumado com a ideia de não ser mãe? Foi naquela noite, durante minha oração, que Deus falou comigo: "a última palavra é Minha, o tempo de você ser mãe vai chegar. Eu já comecei a preparar tudo para você, só precisa confiar em Mim". Nesse dia, meu choro foi diferente, foi um choro de reconhecimento de que eu precisava, sim, de um médico, mas era o médico dos médicos. Porque eu já tinha recebido os médicos, mas não tinha entregado o meu problema nas mãos daquEle que ia providenciar tudo.

Daquele dia em diante, eu entendi que eu precisava parar de questionar Deus do porquê de todo aquele sofrimento e acreditar nEle, independentemente de médico e de resultado de exames. Então marquei minha consulta com a especialista em infertilidade, esperei alguns dias e, quando chegou o dia da consulta, foi tudo diferente. Sabe aquela médica que você sabe que foi Deus que preparou e que parecia que foi especialmente para você? Então, foi assim, saí do consultório muito feliz e com aquele sentimento de esperança que meu sonho de ser mãe seria realizado. Quando voltei para a segunda consulta, toda entusiasmada, fui pega de surpresa: a doutora não estava mais atendendo lá. Perguntei: "Como assim? Eu tinha uma consulta importante com ela!". De pronto, a recepcionista respondeu: "Nós estamos direcionando todos os pacientes para outro médico". Eu agradeci, mas não queria outro médico. Era aquela médica que eu queria. Pedi o número da doutora e perguntei para onde ela tinha ido, mas a clínica tinha proibido de dar o número da médica. Eu sentei e comecei a chorar e a orar a Deus. "Senhor, eu tenho certeza de que foi o Senhor que me enviou essa médica, me ajuda". Fiquei um pouco sentada, chorando, mas na mesma hora eu ouvi a voz de Deus dizer "confia em Mim, não chore, o tempo de chorar já passou". Então, quando eu me levantei para ir embora, veio uma moça em minha direção e me deu um cartão com o número do telefone da médica e falou: eu não posso fazer isso, mas Deus me mandou dar o número da doutora para você.

Ali começou a realização do meu novo tratamento, pois já tinha se passado oito anos quando comecei o primeiro tratamento para engravidar. Então marquei uma consulta com ela e, quando cheguei no seu consultório, fui informada que ela não atendia pelo plano de saúde que eu tinha. Meu esposo e eu não tínhamos como pagar uma consulta tão cara. Falamos com ela da nossa situação e ela falou: "como você já vinha se tratando comigo, vou fazer para vocês o preço de tabela que o plano de saúde me paga". Pude sentir e ver ali mais uma vez a providência de Deus e o cuidado dele comigo. Fiz todos os exames e foi um tratamento muito difícil e muito doloroso, mas em todo tempo eu vi o cuidado de Deus na minha vida. Segui toda as orientações da médica e, depois de três meses de tratamento, fiquei grávida. Tive medo sim, mas parei de questionar Deus tudo que tinha passado e comecei a confiar sem questionar, só confiar. Foi uma gravidez de risco, fiquei a maior parte do tempo de repouso, e quando estava perto do sétimo mês, tive um sangramento que fiquei muito preocupada. Liguei para minha médica e ela me mandou ir para o hospital. Fiz exames e não era nada com meu bebê, era um cálculo renal. O médico que me atendeu me perguntou: "Você não sente dor? Porque em todo tempo que tenho de medicina nunca vi alguém com tantos cálculos renais não sentir dor". Eu simplesmente olhei para ele e disse que havia uma explicação, e ele me perguntou qual era. Eu respondi: "Quando Deus faz, faz tudo certo por inteiro e nada pela metade. Eu não podia ter filho e estou com meu Matheus aqui no ventre". "Você tinha que ser operada", disse o médico, mas eu afirmei: "esses cálculos vão sumir", e assim foi.

Fiz minha cesariana com 36 semanas. No dia 17 de abril de 2000, nasceu meu milagre, nasceu meu sonho, meu presente de Deus, o meu Mateus (que significa presente de Deus). Hoje ele tem 23 anos e está casado há três e estou na expectativa de ganhar meu primeiro neto. E com meu testemunho tenho ajudado muitas mulheres que passam pelo mesmo problema que o meu. Passei a confiar em Deus e a acreditar nas promessas dEle, no tempo dEle. Aprendi que, quando temos uma conexão com Deus, nós podemos confiar nEle. Somos mulheres-chave prontas para destravar destinos.

Agradeço a Deus por viver o milagre que tanto esperei e sonhei, o de ser mãe. "Para que todos vejam, e saibam, e considerem, e juntamente entendam que a mão do Senhor fez isso, e o Santo de Israel o criou". (Isaías 41:20).

“Quando confiamos em Deus, estamos aptos a viver o seu propósito.”

Rosana Formiga

Pra. Sandra Nascimento

Sou Sandra Nascimento, tenho 54 anos e moro em Salvador, na Bahia. Sou mãe, esposa, teóloga e pastora há 23 anos.

Sou casada com Almiro Nascimento, que também é pastor. Fazemos parte da Igreja Casa da Benção e somos liderados pelo bispo Daniel de Oliveira.

Na nossa trajetória, fomos abençoados com um filho chamado de Thiago Nascimento. Ele foi um presente de Deus em nossas vidas, nossa herança.

Aos 13 anos de idade, conheci e aceitei Jesus como Salvador da minha vida. Desde então, tenho exercido o meu chamado. Ao me olhar no espelho, vejo a mulher que me tornei: forte, corajosa e feliz, sendo utilizada por Deus como um instrumento-chave na vida de outras mulheres.

Hoje estou à frente de uma das nossas obras onde o nome do Senhor tem sido glorificado e muitas histórias têm sido transformadas.

prasandranascimento

Pra Sandra Nascimento

24 DEUS IRÁ ALINHAR SUA VIDA AO PROJETO DELE

Pra. Sandra Nascimento

Shalom! Você tem noção do quanto o Senhor pode usar a sua história para impactar vidas? Foi isso que Ele fez e continua fazendo comigo até os dias de hoje, e com você não será diferente.

A fé prospera no desconforto

O Senhor me chamou, quando eu ainda era adolescente, para exercer o chamado de pastoreio. E, pense você, uma adolescente, ainda com as incertezas inerentes à idade, sendo confiada a uma obra tão grande. Eu tinha apenas uma certeza: Deus tinha um propósito! Então, busquei profundamente e aprendi de Deus no secreto. Neste lugar, fui ganhando mais intimidade com o meu Pai e, assim, me foram derramados muitos dons para a edificação da igreja e também de muitos fiéis.

Durante a trajetória da promessa, tive tanto perdas quanto conquistas. E, ainda que, às vezes, sentindo-me sem forças, o Senhor se mostrou fiel ao Seu propósito, não só me revelando o Seu poder, até em minhas fraquezas (2 Coríntios 12:9-10), como também me usando para destravar os destinos de outros. E, hoje, mais madura, entendo que processos são necessários e que o Senhor, no meio do deserto, provê a água da vida. Tendo isso em vista, quero contar a vocês dois episódios em que Deus me fez uma mulher-chave e, a partir dessa identidade, muitos outros destinos foram impactados.

Muitas das vezes, eu e você podemos não entender os motivos pelos quais tudo está travado, mas é necessário que você desfoque os olhos da prova e comece a enxergar que tudo tem seu tempo e que o momento o qual você está passando não é para a glória do homem, mas sim para a Glória de Deus, como diz em: "Tudo tem o seu tempo determinado, e há tempo para todo o propósito debaixo do céu" (Eclesiastes 3:1). Vou te dar um exemplo: uma mãe não pode interromper o processo da gravidez, ela tem que esperar o tempo certo da gestação, mesmo com dores, com a expectativa da chegada do seu filho e todas as particularidades da gravidez, ela é submetida ao processo.

Da mesma forma, Deus tem o Seu tempo, Ele não vai interromper o processo, precisamos esperar e deixar que Ele trabalhe para que, ao final, sejamos vitoriosos. Os processos forjam o nosso caráter: somos moldados, quebrados e, de novo, reconstruídos nas mãos do Oleiro, para que possamos viver aquilo que Ele preparou para cada um de nós!

É necessário entender que esperar o tempo de Deus não significa ficar paralisado, estático, imóvel, mas sim utilizar esse momento como preparação para o que almejamos. Durante o processo, Ele dará sinais, e é importante estarmos atentos. Não adianta pedir chuva se a terra não estiver preparada. Não desista, seja positivo.

Quando se refere a uma mulher, temos um grande exemplo na Bíblia. Débora era mentora, mãe, líder, serva, cuidadora e amiga. Ela inspirava outras mulheres a seguirem seus próprios destinos. Por isso, encorajo-a a lembrar que, todas as vezes em que você se levantou como uma guerreira, certamente destravou e venceu suas piores batalhas. Há muita força dentro de você, mulher de Deus! O Senhor dos Exércitos dá energia aos cansados e vigor àquele que estiver desfalecido. Todavia, os que esperam no Senhor renovam as suas forças. Ainda que você não seja jovem, até as mais moças se cansam. Espera no Senhor Deus e alcançará voos altos e jamais se decepcionará. É promessa do senhor (Isaías 40, 29:30).

Neste livro, trarei dois testemunhos que marcaram a minha vida, momentos em que me senti travada, porém, mesmo nesse vale, o Senhor dos Exércitos esteve comigo, me tratando, cuidando, fortificando e me usando como canal de bênçãos para vida de outras pessoas.

Pode o homem mudar o veredito de Deus?

Um dos maiores sonhos de minha vida era ser mãe. Então, após dois anos casada, tive uma surpresa: Deus me concedeu a graça de gerar uma vida! Estava muito feliz pela bênção que me havia sido dada, porém não sabia que o primeiro e intenso deserto da minha vida estava prestes a começar...

Ao segundo mês de gestação, durante a madrugada, tive um sangramento. Levantei-me desesperada, pois sabia que existia algo de errado. Fui com meu esposo e também meus pais para o hospital, e, no caminho, chorava e dizia incessantemente "Perdi o meu bebê!". Não sabia o que pensar em um momento desse. Se era promessa do Eterno, por que não iria acontecer? Contudo, infelizmente, não tinha respostas. Estava totalmente travada, sem conseguir entender o propósito de Deus naquela circunstância.

Nas dependências da maternidade, o que temia veio sobre mim: fui informada pelos médicos que eu havia perdido a criança. Naquele mesmo instante, meu esposo se encontrava ajoelhado, no meio do hospital, clamando aos céus. Poderia um homem mudar o veredito de algo que fora prometido por Deus? Ao sair do hospital, fomos orientados a ir a outra maternidade, já que aquela onde eu estava não conseguiria fazer o procedimento necessário naquele momento. Ao chegar lá, estava me sentindo fraca, e não conseguia acreditar no que havia acontecido, porém, pasmem, mesmo depois do diagnóstico do médico anterior, os céus responderam mudando o rumo da minha história: enquanto eu chorava copiosamente, a médica de plantão, com um sorriso, perguntou-me: "Por que choras? Seu bebê está bem!". Naquele momento, tive a certeza de que a promessa iria se cumprir. Por estar travada, eu não conseguia enxergar, mas toda aquela situação fazia parte de um plano maior. Hoje, meu filho se chama Thiago e tem 31 anos de idade. Creio, do fundo da minha alma, que, naquele mesmo instante em que a medicina diagnosticara a morte do meu bebê, por meio do poder da oração feita pelo meu esposo, dentro daquele hospital, uma onda de Poder e de Glória vinda de Deus modificou o destino da minha família para sempre! Na verdade, quando oramos e temos um coração quebrantado, as nossas súplicas jamais serão rejeitadas pelo Senhor dos Exércitos. Lá em Salmos 51.17: "Sacrifícios agradáveis a Deus são o espírito quebrantado; coração compungido e contrito, não o desprezarás, ó Deus".

O seu momento não define a sua história

Recordei-me de certa vez em que o Espírito Santo me trouxe à memória uma promessa que eu havia feito, 15 dias antes, no altar: "Se um dia não pudesse pregar, faria ainda que fosse utilizando um cartaz, mas a obra não seria morta".

No ano de 2005, vivi uma das piores experiências da minha vida. Sofri uma paralisia em todo o meu lado direito, inclusive, meus olhos e boca ficaram totalmente sem movimentos. Como prosseguir na caminhada junto à obra do Senhor? Como continuar pregando e levando a mensagem da Salvação para as pessoas? Sequer podia falar! O que eu não esperava era que Ele me surpreenderia mais uma vez...

E assim aconteceu. Em um dos cultos, repleto de pessoas, em que algumas delas ainda me olhavam "torto" pela minha face comprometida, o Senhor me ordenou que pregasse. Eu nem podia me mover, como faria uma pregação? Como falar de cura e de milagres naquela situação? Porém a ordenança veio e não pude me esquivar. O Senhor me levou à prova. E, ainda que impedida de pronunciar palavras da minha boca, a pregação em cartazes foi instrumento de Deus para a vida daqueles que ali estavam, creiam, destinos foram mudados!

Apesar de os médicos afirmarem que seria impossível uma recuperação, em dois meses, fazendo a obra, fui curada do dia para a noite, para a Glória de Deus! Vivi, literalmente, a promessa descrita em Mateus 6:33: "Busquem, pois, em primeiro lugar, o Reino de Deus e a Sua justiça, e todas essas coisas serão acrescentadas". O poder do Altíssimo independe de nós. Ele se move da maneira que quer, ainda que nos piores cenários, Yaweh – aquele que é o "Eu Sou" – pode fazer e ser quem precisamos, quando nos apresentamos como "obreiros aprovados do que não tem do que se envergonhar" (2 Timóteo 2:15).

Mulheres em ação para Glória de Deus

Atualmente, além de pastorear uma igreja, tenho desenvolvido junto com a minha equipe um trabalho focado em mulheres, projeto denominado de "Mulheres em Ação para a Glória de Deus". Nele, auxiliamos pessoas a se reencontrarem e a resgatarem a sua identidade. Vidas e histórias estagnadas, seja por medo ou por dificuldades familiares ou, até mesmo, problemas financeiros, são retomadas e potencializadas no intuito de mostrar que existe uma mulher-chave dentro de cada uma delas. Destarte, após se tornarem curadas, podem ajudar a destravar a vida de todos à sua volta.

Portanto, gostaria de lhes dar dois conselhos: o primeiro é nunca desista na primeira queda e o segundo é use os dons que Deus lhe presenteou como uma ferramenta a seu favor. Passei por muitos momentos difíceis, chorando, sentindo-me sozinha e acreditando que os céus estavam em silêncio. Contudo, confiando sobretudo no Todo Poderoso, reergui-me e utilizei dos dons com os quais fui agraciada, e, mesmo no deserto, eu cantava... acreditava que, ainda que caísse algumas vezes, tinha a certeza de que o resultado final seria consequência de quantas vezes eu conseguiria me levantar.

Por isso, quero te inspirar a ser um canal de bênçãos na vida de outras mulheres, conduzindo-as a acreditar que tudo na vida tem seu verdadeiro sentido. Digo sempre para jamais interrompermos o silêncio de Deus. Muitas vezes, não compreendemos tanta dor, tanta prova ou tanto sofrimento. Como proclamou o Salmista: "Bendize, ó minha alma, ao Senhor, e tudo o que há em mim bendiga o Seu Santo Nome. Bendize, ó minha alma, ao Senhor, e não te esqueças de nenhum de seus benefícios" (Salmos 103:1-2). Nesse momento, dobre os seus joelhos e entregue a direção a Deus e, assim, muito em breve, cantará o hino da vitória. Creia!

“A leveza que está em nós destrava qualquer destino. Acredite! Você é o ponto-chave que Deus escolheu ontem, hoje e sempre!”

Pra. Sandra Nascimento

Susan Byan

Graça e paz a todos, meu nome é Susan Byan Ferreira Rocha. Nasci em Brasília, na cidade de Ceilândia, em 29 de dezembro de 1986. Minha jornada é um testemunho de fé e aprendizado, moldado pelas experiências e pelos valores que adquiri ao longo dos anos.

Minha formação abrange diversas áreas, incluindo escrita, teologia, neurociência bíblica, capelania, eclesiástica feminina e inteligência emocional.

Também tive a honra de fazer parte do livro "Mulheres Zoe", uma coletânea que destaca histórias inspiradoras de mulheres. Além disso, sou a criadora do projeto Victorious Ladies (Mulheres Vitoriosas), uma iniciativa dedicada a fortalecer e empoderar mulheres em sua jornada de fé.

Minha missão é inspirar, encorajar e apoiar todos aqueles que desejam crescer espiritualmente e alcançar vitória em suas vidas através de Deus.

susan_byan_oficial

susan_byan

Susan Byan

25 MILAGRES DE FÉ

Por Susan Byan

Gratidão a Deus. Senhor, diante de Ti, curvo-me com um coração cheio de gratidão e reverência. Em cada alvorada, encontro Tuas bênçãos derramadas sobre minha vida, um presente inestimável. Agradeço pelas alegrias que me fizeste experimentar e pelos desafios que me ajudaram a crescer. Tua graça é minha âncora, Tua misericórdia é meu escudo. Nas horas mais sombrias, Tua luz brilhou para iluminar o caminho. Que minha vida seja um testemunho de Tua bondade e amor inabalável. Com um coração transbordante de gratidão, eu Te louvo, meu Deus, por todas as bênçãos que recebo a cada dia.

Durante a pandemia, encontramos momentos de profunda fé que nos conduziram a desafios inesperados e a um recomeço que parecia inatingível. Em meio ao caos e à incerteza, testemunhamos algo notável: Deus tinha, secretamente, tecido intricados planos para nossas vidas, planos que transcendiam nossa compreensão. A pandemia, que inicialmente parecia ser apenas uma tempestade avassaladora, revelou-se um terreno fértil para a manifestação do divino em nossas vidas.

Deus, em sua graça, nos deu renovação espiritual dos céus: "Eu te louvo porque me fizeste de modo especial e admirável. Tuas obras são maravilhosas! Disso tenho plena certeza. Meus ossos não estavam escondidos de Ti quando em secreto fui formado e entretecido como nas profundezas da terra. Os Teus olhos viram o meu embrião; todos os dias determinados para mim foram escritos no Teu livro antes de quaisquer deles existir" (Salmos 139:14-16).

É com profunda gratidão que participo deste projeto abençoado, "Conexão Destino: mulheres que destravam destinos". Reconheço que este é um chamado divino que Deus confiou a vida da pastora Débora Almeida, para uma jornada única, onde compartilhamos histórias, sabedoria e força para inspirar e capacitar umas às outras. Obrigada, Senhor, por esta oportunidade de ser parte de algo tão significativo. Que nossas palavras e experiências possam tocar vidas e manifestar a Sua vontade em cada página deste livro e que possamos ser as chaves que destravam caminhos e mentes e que abrem portas, em nome de Jesus, amém.

Por meio destas páginas, compartilho um dos milagres que Deus operou em minha vida. É a história de como Sua graça transformou o que parecia impossível em uma realidade incrível. Meu desejo é que essa narrativa alcance muitas vidas e se torne um divisor de águas, inspirando uma profunda metanoia, uma mudança de coração, alma e mente. Que este testemunho seja um farol de esperança para todos aqueles que precisam de uma demonstração do poder divino. Que cada página deste relato seja um lembrete de que, com fé e confiança em Deus, os milagres são possíveis. Que sua luz brilhe através destas palavras e ilumine o caminho de todos que as leem em nome do Senhor Jesus.

"Certamente que a bondade e a misericórdia me seguirão todos os dias da minha vida; e habitarei na Casa do Senhor por longos dias." (Salmo 23:6)

Esta é uma história incrível de fé, milagre e superação. Quando meu filho nasceu prematuro e foi diagnosticado com água nos pulmões, foi diretamente para a UTI. Nossa jornada tomou um rumo inesperado e desafiador. A incerteza pairava no ar, e a fragilidade da vida se tornou nossa realidade diária. No entanto, nesse período de escuridão, testemunhamos o milagre da vida e da superação. Nossos corações se encheram de temor e incerteza. A cirurgia de emergência era a única opção, embora as chances de sobrevivência fossem sombrias, apenas 10%.

Naquela UTI, onde máquinas e médicos desempenhavam papéis cruciais, experimentamos a presença divina de um modo que nunca poderíamos ter imaginado. Deus estava conosco a cada segundo, sustentando nosso filho e nos dando forças para continuar. A cada dia, testemunhávamos pequenos progressos que eram, na verdade, grandes milagres. Seu primeiro suspiro, o aperto frágil de sua mão, seu primeiro olhar, o aumento de meio ml de seu leite para 1 ml, e sucessivamente assim por diante. Cada passo era um testemunho do poder de Deus.

Naquela noite, na solidão do meu quarto de hospital, chorei incessantemente e orei fervorosamente. Ajoelhada ao pé da minha cama, clamei a Deus por um milagre. À meia-noite, ouvi Sua voz em meu coração, me chamando para orar. Orei sem cessar até as três da manhã, entregando meu filho nas mãos de Deus, dizendo: "Eu prometo que, assim que eu sair daqui, vou apresentar ele ao Senhor na sua casa em ações de graça a ti 'Seja feita a Tua vontade'".

No dia seguinte, enquanto o sol nascia, uma equipe médica veio até mim. Uma mistura de temor e paz tomou conta de mim. O médico disse que algo extraordinário havia acontecido. Durante a noite, os pulmões do meu filho, que estavam cheios de água, se esvaziaram completamente. O médico, um homem de ciência, ficou perplexo, e eu lhe disse: "Foi Deus que curou meu filho".

Ele questionou, e eu expliquei que, enquanto a transformação acontecia nos pulmões do meu filho, eu estava de joelhos, clamando por sua vida. Ele, surpreso, olhou em meus olhos e, desacreditado, mesmo que inicialmente tenha dito que acreditava na ciência, a dúvida se fez presente. Ele afirmou que, se eu preferisse acreditar que meu filho estava a salvo por Deus, assim seria.

Essa experiência foi um testemunho vívido do poder da oração, da fé e do milagre divino. Que esta história inspire todos a confiar na graça de Deus, mesmo nas situações mais desafiadoras, pois, onde há fé, o impossível se torna possível.

Minha jornada de testemunho e superação aconteceu a milhares de quilômetros de distância de minha terra, na Inglaterra, em um momento em que me vi afastada de meus entes queridos, em um país estrangeiro, com o domínio limitado da língua, enquanto eu lutava com a solidão e o desafio de estar sozinha.

Nesse momento crítico, meu ex-marido, que não compartilhava minha fé, estava oferecendo apoio a distância devido às demandas de trabalho. Embora não compartilhássemos a mesma fé, ele me encorajou e estava lá da maneira que podia.

Essa jornada de isolamento e adversidade me ensinou a depender inteiramente de Deus. Encontrei forças para superar obstáculos aparentemente intransponíveis e coragem para enfrentar o desconhecido. A fé se tornou minha âncora; e a oração, minha fortaleza.

Hoje, quando olho para trás, vejo que Deus estava ao meu lado, guiando cada passo. Essa experiência é uma lembrança vívida de que, mesmo nos momentos mais solitários e desafiadores, a presença e o amor de Deus nos sustentam. Que essa história inspire outras pessoas a enfrentar suas próprias lutas com fé e coragem, sabendo que Deus é o nosso refúgio, não importa onde estejamos ou com quem estejamos.

"Pois possuíste o meu interior; entreteceste-me no ventre de minha mãe. Eu Te louvarei, porque de um modo terrível e tão maravilhoso fui formado; maravilhosas são as Tuas obras, e a minha alma o sabe muito bem." (Salmo 139:13-14)

Dedico este livro a cada pessoa que esteve ao meu lado durante minha jornada, àquelas que me incentivaram a compartilhar esta história por meio das palavras, mas, acima de tudo, dedico-o a todos que fazem parte deste projeto especial, "Conexão Destino: Mulheres que Destravam Destinos". O lindo disso tudo é que este projeto já estava no coração de Deus, e eu desconhecia, mas Ele já havia preparado este momento para cada uma de nós.

Não existem palavras suficientes para expressar minha profunda gratidão e honra por fazer parte deste projeto. Agradeço ao Senhor e a todos que farão parte desta jornada, direta ou indiretamente. Que toda sorte de bênçãos recaia sobre cada vida representada aqui e sobre suas famílias, e que as bênçãos celestiais fluam abundantemente em nome de Jesus. Amém.

"Porque Deus tanto amou o mundo que deu o Seu Filho Unigênito, para que todo o que nele crer não pereça, mas tenha a vida eterna." (João 3)

Com gratidão e humildade, chegamos ao fim desta jornada de palavras, histórias e testemunhos. Este livro é mais do que apenas páginas, é um pedaço de nossas vidas e uma celebração de fé, superação e conexão.

Espero que, ao folhear estas páginas, tenha encontrado inspiração, esperança e força para sua própria jornada. Lembre-se de que cada um de nós tem o poder de moldar o próprio destino e de encontrar a graça divina em nossos caminhos.

Agradeço a todos que compartilharam suas histórias, a todos que nos apoiaram e àqueles que caminharam conosco. Que este livro seja um farol de luz em seu coração, recordando-o de que a fé, o amor e a conexão são as forças que nos mantêm unidos.

Que Deus continue abençoando você. Com fé e gratidão, encerramos este capítulo, mas a jornada de nossas vidas continua. Que a paz e a graça estejam sempre conosco. Amém.

"Mas em todas estas coisas somos mais que vencedores, por meio daquele que nos amou." (Romanos 8:37)

"Deus te guarda no secreto, te prepara no oculto, te exalta no tempo certo, em um novo tempo preparado para sua vida."

Susan Byan

Taiz Cardins

Sou Taiz Cardins, de Belém do Pará. Essa cidade, além de cidade natal, é o cenário onde construí minha vida e minha história, com a graça do Eterno. Aqui resido, ao lado da minha amada família: meu esposo, Mauro Silva, com quem sou casada há 19 anos, e nossa filha, Ana Beatriz.

Sou mentora, pastora e empresária. Já são 19 anos de fé, 14 anos pastoreando e, nos últimos 6 anos, ao lado do meu esposo, tive a honra de liderar o Ministério Profético Aliança Restaurada, o qual fundamos juntos e temos tido a oportunidade de inaugurar novas filiais. É onde temos vivido experiências sobrenaturais, testemunhos extraordinários e incontáveis milagres. Estou sempre disposta ao que Deus chamar e crendo que, com Ele, continuaremos impactando vidas. Mas até chegar aqui, foram muitas lutas, processos e, sobretudo, milagres.

taizcardins

aliancarestauradaofc

taizcardins@gmail.com

26 PROCESSOS TE LEVAM A VIVER MILAGRES

Por Taiz Cardins

A história da minha caminhada com Deus e do meu ministério começa com um decreto de morte. Isso mesmo. Um cenário desafiador que se abateu sobre mim quando, ao realizar exames pré-nupciais para meu casamento, recebi o diagnóstico de câncer de útero. O veredito médico era claro: a remoção do útero e do ovário seria necessária para minha sobrevivência.

Naquela noite, minha irmã, que já era cristã, trouxe consigo uma pastora que seria instrumento de Deus na minha vida. Foi ali, naquela madrugada, que conheci Jesus. Em minha oração, expressava minha busca sincera por esse Deus do impossível, o Deus que cura. Orei exatamente dessa forma: "Senhor, eu não Te conheço. Se, verdadeiramente, Tu és esse Senhor que cura, eu quero, Senhor, que essa madrugada Tu possas me visitar. E se Tu me curares e se Tu fores esse Jesus que elas pregaram pra mim, o Jesus que é um Jesus do impossível, que cura, Senhor, que Tu me visites essa madrugada. E se eu for curada desse câncer, eu entregarei a minha vida para te servir".

A resposta veio de forma extraordinária. Naquela madrugada, tive uma hemorragia, que, na verdade, o que parecia ser uma hemorragia e piora do meu quadro, era um testemunho de cura. Quando eu acordei de manhã, a cama e a camisola estavam sujas de sangue. Fui ao banheiro e, enquanto eu estava lá, ouvi claramente a voz do Senhor: "Tu não Me colocaste à prova? Tu não querias Me conhecer?". Foi um chamado inegável para aceitar Jesus em minha vida. Chamei meu esposo e pedi para ele me levar até a casa da pastora para que eu aceitasse Jesus. Foi quando começou a minha história com Jesus. Nesse dia que eu aceitei o Senhor e a madrugada do meu milagre foram o início do meu ministério.

A partir desse dia, tudo aconteceu muito rápido. Com pouco tempo de caminhada, meu pastor já me encaminhou para o curso teológico. Com três anos, comecei na prática o ministério, cuidando de mulheres e ministrando na igreja. A rapidez com que Deus agiu em minha vida era evidente, pois, com apenas quatro anos caminhando com o Senhor, já fui levada a pastorear e a servir ao Seu propósito.

Assim, minha história, que teve início em um cenário de morte, tornou-se uma história de muitos milagres, e não somente esse que ocorreu logo no início. Depois desse primeiro milagre que vivi, enfrentei uma situação angustiante com minha filha Bia, que sofreu um acidente ao cair de uma escada, que resultou em sua morte. E mais um milagre aconteceu. Logo em seguida, ela ressuscitou! Esse episódio também marcou profundamente o início do meu ministério.

Antes desse milagre, passei, ainda, por mais uma batalha. Durante seis meses, enfrentei idas e vindas ao hospital, incapaz de cuidar e, até mesmo, amamentar minha filha, pois fui internada com uma infecção generalizada. Minha situação era complexa, e os médicos não sabiam ao certo o que eu tinha. Esse período tumultuado, no entanto, era o próprio Senhor me estreitando pra um chamado pastoral, porque eu queria servir, mas não queria ser pastora.

Estava totalmente satisfeita em servir ao Senhor lavando banheiros e servindo água aos pastores. Relutava em aceitar o chamado pastoral, consciente de que era um chamado de dor e guerra. Deus, porém, tinha outros planos para mim. Ele me levou para dentro de um hospital, onde, após seis meses de idas e vindas, pesando apenas 45 quilos, a solução chegou.

Fui no banheiro do hospital, depois de ouvir alguém dizendo que, dentro de um terreiro de umbanda, não conseguiam me matar por causa de um chamado que eu tinha; foi quando entendi, dobrei meus joelhos e fiz uma aliança com o Senhor. Na manhã seguinte, ao despertar, testemunhei um milagre: minha barriga, que antes estava como a de uma gestante de nove meses, havia murchado, e minha saúde se restabeleceu. Foi nesse momento que aceitei plenamente viver conforme o propósito que Jesus tinha para mim. Nesse momento, iniciava-se um novo capítulo ainda mais intenso em meu ministério.

Quando retornei à igreja após esse período intenso, experimentei um forte crescimento. Porém, apesar disso e mesmo após anos pastoreando e vivendo muitos milagres, meu esposo ainda não havia se convertido, o que foi a causa de anos de duras lutas.

Minha vida era dedicada ao altar, onde intercedia fervorosamente por outras mulheres e famílias. Porém, enquanto guerreava por outros, percebi que minha própria casa precisava desesperadamente de orações. Dentro de nossas paredes, enfrentamos bebedices, prostituição e o prazer dos deuses que não eram o meu. Era claro: minha família ainda não tinha sido verdadeiramente restaurada.

Quando finalmente meu esposo se converteu, alcançamos a restauração da nossa casa, que quase chega ao fim com um divórcio. Quando ele se posicionou como sacerdote em nosso lar, foi então que Deus nos entregou um ministério como família. Num culto marcante para nós, Deus, por meio de uma serva que não conhecia, mas digo que foi um anjo que o Senhor enviou para falar comigo, me comunicou que era o momento de restaurar outras famílias, assim como fomos resgatados. Aquela mensagem ecoou como um chamado para vivermos e compartilharmos aquilo que havíamos experimentado. "Chegou agora o tempo de você resgatar vidas, da mesma forma como você foi resgatada e como a sua casa foi resgatada!". Aqui começou a nascer a Aliança Restaurada, nossa igreja.

A trajetória da Aliança Restaurada foi claramente orientada pelo Senhor. Inicialmente, meu esposo e eu resistimos à ideia de liderar uma obra, não era algo que desejávamos. No entanto, ao longo da nossa caminhada com Deus, compreendemos a importância de cultivar um coração íntegro diante do Senhor, diferente do que estávamos vendo anteriormente em outros locais. Foi nesse percurso que começamos a sentir cada vez mais nossos corações queimando pelo ministério.

A Aliança nasceu em um cenário improvável, desacreditado por muitos. Mas era claro em nós que o testemunho de conversão e de caminhada cristã impactaria vidas e restauraria famílias. Um dos maiores testemunhos que temos sobre a Aliança Restaurada é o próprio início do Ministério, que começou com a conversão do Mauro, meu esposo, e a intensa transformação que ocorreu na vida dele.

Começamos a Aliança Restaurada na sala da nossa casa, com apenas quatro pessoas, incluindo o meu esposo e eu, além de duas pastoras. Após isso, o ministério cresceu e se desenvolveu inicialmente em um salão. Posteriormente, fomos para dentro da sede em que estamos hoje.

Toda essa transformação que vivi junto com meu lar tem sido incentivo para outras mulheres que enfrentam desafios semelhantes, que oram, guerreiam por sua família, enquanto lideram obras e servem o Reino, mas em seus casamentos não há uma aliança com Jesus. Por isso, enfatizamos que a Aliança Restaurada é um ministério centrado na família. Nosso propósito é, sobretudo, refletir essa restauração que experimentamos.

Muitas mulheres param diante do primeiro "não". Pessoalmente, orei fervorosamente pelo meu esposo durante uma década. Eu profetizava que a minha casa seria um lugar onde o Senhor iria habitar. Orei dez anos dizendo "aquilo que eu profetizo na vida das pessoas, eu serei alcançada". Não aconteceu de uma hora pra outra. Algumas oram um ano, cinco anos, dois meses e já querem que as coisas aconteçam. Podem acontecer se for o querer do Senhor, mas, se não acontecerem, é preciso continuar firme e persistir!

Por não ter desistido, hoje sou testemunho de milagres. Mas, para restaurar, eu precisei ser restaurada. Para ver mulheres sendo curadas de câncer, eu fui curada. Para falar do Jesus que liberta, precisamos ser livres de tudo que vivíamos como família. O ministério com Deus é primeiro viver, para você depois falar e compartilhar dessa vida sobre outros.

Apesar dos milagres e vitórias, nem todos os dias foram e são assim. Os vales chegam. As dores, as dificuldades. No início do ministério, quando estávamos em um galpão sem recursos, sem cadeiras, sem som e com pouquíssimos membros, foi extremamente difícil. Mas, durante esse período, testemunhamos mais milagres. Vimos a mão do Senhor, num período de 30 dias, prover exatamente tudo o que era necessário para que continuássemos.

Enfrentamos perseguições intensas. Acusações enquanto crescíamos rapidamente e muitas pessoas não compreendiam o propósito de Deus nesse processo. Vivemos um episódio de notícias falsas que foi uma experiência terrível, tivemos a preocupação real de que a igreja pudesse ser fechada. Mas superar esses desafios nos trouxe a certeza de que estávamos seguindo o propósito e, até hoje, vemos pessoas entrando na igreja com câncer e saindo curadas, entrarem cegas e saírem enxergando, expelindo doenças, carregando muletas, casais cancelando a audiência de divórcio marcada, indivíduos viciados sendo livres, pessoas mentalmente perturbadas sendo restauradas, curadas e libertadas. Ministerialmente, presenciamos pessoas entrarem mortas dentro da igreja, desacreditadas do Evangelho e saírem avivadas, com alianças restauradas, superando prisões espirituais.

Testifico que, mesmo nos momentos mais improváveis, a fé pode transformar o impossível em realidade. Sempre digo que fé é acreditar quando ninguém mais acredita, é ver o difícil se tornar fácil, é ver o impossível se tornar MILAGRE. Em cada processo que eu vivi, fui forjada a viver grandes milagres, e hoje estou aqui contando um pouco da minha história para inspirar cada mulher a não desistir nem abrir mão do processo. Estou aqui desafiando você a romper, porque o processo de hoje fará com que, amanhã, você esteja contando mais um milagre na sua história. Faça uma aliança com o Senhor, assim como eu. Dobre seus joelhos, entregue sua vida e permita que Deus conduza tudo.

Siga minhas redes sociais e acompanhe o mover de Deus que temos vivido. A forma como Deus tem trazido o meu ministério e testemunho para impactar outras vidas e que você também seja impactada... pelo meu ministério, pela minha história e pela glória de Deus que foi derramada sobre a minha vida. Shalom!

"Fé é acreditar quando ninguém mais acredita, é ver o difícil se tornar fácil e ver o impossível se tornar milagre."

Taiz Cardins

Vivian Linhares

Formada em Geografia, especialista em educação e saúde. Atualmente, trabalho no ramo farmacêutico com meu pai, onde aprendo com sua sabedoria, que promove curas na saúde física de seus clientes. Foi nesse ambiente, de forma paralela, que iniciei meu ministério com curas de almas.

Neste ministério, fui intercessora nos grupos: "Laços de Amor", com a missionária Sônia Oliveira, onde permaneci por anos; "Conexões do Coração", com a missionária Débora Almeida, a qual o Senhor enviou, me oportunizando testemunhar seus feitos publicamente e, hoje, nas páginas deste livro; e "Amigas na Fé", com a pastora Kátia Pacheco e muitas mulheres de orações. Nos dias atuais, cuidamos de vidas dentro e fora das plataformas virtuais.

vivian.linhares

+55 (88) 99997-5694

Vivian Linhares

Vivian Linhares

vivianlinhares4@gmail.com

27 SIMPLESMENTE FILHA

Por Vivian Linhares

Sou Vivian Linhares, natural de Fortaleza, Ceará, e residente no município de Granja no Norte do Estado. Filha do casal Vitorino e Ângela e casada há 3 anos com Nilton. Mãe de Giulian, de 22 anos, e Matheus, de 14 anos, e avó de Benício Davi, com 4 anos.

Assim como muitas mulheres, carrego cicatrizes, mas que fazem de mim uma mulher curada, pois as marcas que tenho revelam que eu pertenço a Cristo e são o meu testemunho.

Nasci em um lar católico e fui praticante do catolicismo até meus 25 anos de idade. Vivia em ativismo religioso, mas não tinha intimidade com Jesus e tampouco conhecimento da Palavra de Deus, o que acarretava uma vida, então, aprisionada no pecado.

Entretanto, minha alma era inquietada por indagações. Busquei respostas no kardecismo, que me trouxe uma ilusão de um falso status erudito, de uma fé racionalizada, pois ali se encontravam muitos professores doutores da universidade, e eu queria ser como eles, então, na época, significava, para mim, validar meu intelecto, significava uma fé de quem era engenhosa, mas a palavra de Deus nos diz: "Mas Deus escolheu as coisas loucas deste mundo para confundir as sabias, e Deus escolheu as coisas fracas deste mundo e as desprezíveis, e as que não são, para aniquilar as que são, para que nenhuma carne se glorie perante Ele" (1 Coríntios 27:29).

E assim, onde esperei respostas, encontrei uma profunda aflição na alma. Sentia inquietude e vergonha por conviver anos em religiões, mas sem conhecer Jesus, eu migrava de religião em busca de Deus, mas tudo que eu conseguia ser era uma religiosa, pois buscava no homem o que só poderia encontrar em Deus.

Eu sonhava construir uma família, mas a ostentação de uma falsa independência emocional afastou de mim muitas pessoas e trouxe outras, inclusive erradas, e essas erradas tão logo identificaram minhas fraquezas, por isso havia se tornado comum eu viver relações abusivas, até mesmo com "amigos".

Passei a ser uma farsa, onde camuflava minhas dores numa vida boemia e nas inúmeras maquiagens de uma suposta vida feliz. Era uma bela mulher com seus encantos, porém repleta de vazios, eu havia me tornado fútil e medíocre, mas a verdade é que era carente e dependente emocional. Confesso que ter caminhado ao lado de mentes infrutíferas e sem cometimentos me tornaram, por um tempo, similar a elas, e nas tentativas de construir minha própria família distante dos propósitos de Deus, eu fracassava, pois vivia de forçar portas, na tentava de conseguir o que queria.

Entretanto, em meio ao estilo de vida que havia decidido viver, Deus me permitiu conhecer a maternidade por duas vezes, onde as misericórdias do senhor se manifestaram de forma concreta e sonora a cada vez que eu era e sou chamada de mãe.

O nascimento dos meus filhos deu um novo sentido à minha vida. A partir do segundo rebento, com mais maturidade, busquei por Jesus outra vez, mas, apesar de me intitular cristã, infelizmente eu permanecia uma religiosa, me enganava com uma suposta conversão. Vivia na igreja, mas totalmente independente de Deus, e somente anos depois entendi que precisava ser ressuscitada, pois já me encontrava espiritualmente morta.

Nesse período, trancada em meu quarto e no meu mundo, ficava a ouvir as mensagens de Deive Leonardo e da missionária Sônia Oliveira. Me alimentei dessas palavras enviadas por Deus. Um processo depressivo assaltava a minha alegria de viver; eu havia sido surpreendida por um golpe de mentiras, mas a maior dor não foi o golpe dos meus algozes, e sim ter entendido que me permiti ser defraudada, traída, humilhada; a culpa me consumia.

Foram as minhas carências e desobediências que me conduziram a este cenário, e nessa conjuntura, na qual eu havia vestido a roupa da dor, clamei a Jesus e disse: tu és a única esperança de cura e libertação desta vida de mentiras, e assim como a mulher do fluxo de sangue, ousei tocar as vestes de Jesus, pois a história dessa mulher nos é um lembrete que a fé possui um impacto extraordinário em nossas vidas e fui surpreendida por um abraço e um milagre em mim, não reconhecido diante do olhar humano, mas vivido no profundo da alma, Ele me deu a identidade de filha e me disse: Eu sou teu Pai, te amo, confia em Mim.

Nesse encontro com Jesus, confessei que, na vida, fui uma samaritana, um Jacó, Pedro, sim neguei muito a Jesus na sociedade, igreja, família. Também fui um Judas, traía a Jesus, quando levantava altares que não eram para Ele, mas, nessa confissão, o Senhor perguntou a mim o que um dia perguntara a Pedro: "Tu me amas mais do que estes, disse ele: sim, Senhor, sabes que Te amo. Disse Jesus: cuide de meus cordeiros" (João 21:15-22), e neste encontro, repleta de amor e temor, tive minha nomenclatura modificada: de Jacó, passei a ser chamada Israel e a viver um novo sentido de vida.

Confesso que recomeçar em meio as nossas cinzas não é fácil, ainda havia destroços dos castelos que um dia construí.

Precisei reaprender sobre princípios e valores, encontrar meu propósito nas missões que o Senhor já havia me delegado, precisei aprender a atribuir valor a tudo que o Senhor atribui valor: família, igreja, perdão, serviço e simplicidade, tornando-me assim uma mulher real.

Apesar de saber que Jesus estava no barco, por vezes eu sentia as forças minadas diante de todas as tempestades que sobrevivi, compreendi que eu era remanescente, mas Cristo deu a mim a certeza que trabalharia em tudo que me restou, pois não desisti, eu estava ali lutando. Havia em mim ingratidão, decepções que sofri e que também cometi. E o pai me dizia: libera perdão e gratidão. Resgatar confiança em si e obter do nosso próximo é um processo árduo e lento, nosso passado é muito lembrado até por nós, mas vem o Senhor e nos revela que, quando uma mulher tem um encontro real com Jesus, Ele transforma o passado dela em testemunho.

Com o passar do tempo, consegui sentir as mãos do oleiro me lapidando, confesso que fui também esmagada e doeu cada um desses processos de cura e disciplina, mas foi confortador receber na palavra: "Porquanto o Senhor só corrige a quem ama, assim como o pai ao filho a quem quer bem" (Provérbios 3:12).

Em meu recomeço com Deus realizei o sonho do casamento, mas fugi dos planos do Senhor para mim, o Santo Espírito me confrontou sobre essa minha realização, pois Deus, naquele tempo, dizia não, mas me fechei para ouvir meu próprio sim. Diante do confronto, me arrependi e confessei ao Senhor, e sabia que precisaria passar por um processo de colheita árdua, e vivo um processo de restauração pautada na palavra de Deus.

No ano de 2022, um abater veio em minha vida: filhos se dispersando, marido indo embora de casa, perseguições, julgamentos em ministérios até mesmo por causa da minha aparência, fui exposta em rodas escarnecedoras por uns, mas amada e acolhida por outros. Sofri rejeição, calúnias, perdas, solidão e, por último, a morte precoce do meu mais jovem irmão, por quem tanto orava, enfim, de repente aquela mulher que habitava em família ficou solitária, o dia mal me sobreveio e voltei para o deserto.

Mas eu era convicta de que havia sido conduzida neste ermo pelo Espírito Santo. E ele me escondeu, me deixou a sós com ele para eu desfrutar do sobrenatural da sua presença. Passei esse tempo ciente de que o dia mau, que os tempos de limitações são também oportunidades de aprofundar nossas raízes e conhecermos a Deus assim como (Jó 42:5) que nos diz: antes só conhecia de ouvir falar, mas agora te vejo com meus próprios olhos.

E, nesse ermo, vivi milagres com meu Senhor, e mesmo sem enxergar os frutos, Ele me ensinou a contemplar milagres.

O Pai me levou ao seu banquete, sim, havia lugar para mim na mesa do Aba, e essa mesa também foi cirúrgica, eu sentia suas mãos de cura e era despertada todas as madrugadas para comparecer à presença do Senhor e recebia instruções de um pai, recebia de Deus o que precisava corrigir em minha vida: quebrar altares de idolatrias, confessar, arrepender, me despir de toda religiosidade que ainda havia vestígios e, nesse processo de provações, privações, renúncias e até mesmo colheitas, o Senhor me serviu um ágape e me dizia: "Filha, coragem, Eu sou contigo, só preciso arrumar tua casa, preencher teus vazios".

O Senhor havia fechado portas para me proteger, apartou do meu convívio pessoas que até fizeram parte do processo, mas não do propósito, me desviou de outras para tratamento e livramento, e mesmo sem entender, não murmurei, algumas vezes chorei com Jesus, mas compreendia que a bondade de Deus tem várias estratégias de se manifestar, e só agradecia.

Sou testemunha viva de que, ao caminhar com o Senhor, recebemos sustento de Seu braço, renovação e graça, e quando o Senhor cura uma mulher, um semblante de paz toma o olhar dela visivelmente. O processo de dor se torna uma escola de treinamento para nos usar refletindo glória e louvor do nosso Senhor, e mesmo diante das dores, enfrentamos de cabeça erguida, crendo que "todas as coisas cooperam para o bem daqueles que amam a Deus (Romanos 8:28), e assim o Senhor foi alicerçando nEle minha casa.

O Senhor é um Pai que nos revela cura, cuidado, respeito, valor e honra e nos chama para, em Cristo, sermos também instrumento de cura, e digo: "Eis-me aqui, Senhor" (Isaías 6:4), pois bem sei que existe uma longa e linda história a ser vivida ao lado do meu Aba, e que essa história possa inspirar quem busca cura e respostas, pois um toque de fé jamais passará despercebido diante do único que tem o poder de mudar nossas vidas: Jesus.

"Quando uma mulher tem um encontro real com Jesus, Ele transforma seu passado em testemunho."

Vivian Linhares